Contabilidade comercial

SÉRIE GESTÃO FINANCEIRA

Érico Eleuterio da Luz

Contabilidade comercial

2ª edição
Revista e atualizada

Rua Clara Vendramin, 58 . Mossunguê
CEP 81200-170 . Curitiba . PR . Brasil
Fone: (41) 2106-4170
www.intersaberes.com
editora@intersaberes.com.br

Conselho editorial	Dr. Alexandre Coutinho Pagliarini
	Drª Elena Godoy
	Dr. Neri dos Santos
	Mª Maria Lúcia Prado Sabatella
Editora-chefe	Lindsay Azambuja
Gerente editorial	Ariadne Nunes Wenger
Assistente editorial	Daniela Viroli Pereira Pinto
Edição de texto	Monique Francis Fagundes Gonçalves
Capa	Ana Lucia Cintra (*design*)
	New Africa, GCapture, YuriyZhuravov Jacek Kita e Winderfull Studio Shutterstock (imagens)
Projeto gráfico	Raphael Bernadelli
Designer responsável	Ana Lucia Cintra
Diagramação	Ana Lucia Cintra

Dados Internacionais de Catalogação na Publicação (CIP)
(Câmara Brasileira do Livro, SP, Brasil)

Luz, Érico Eleuterio da
Contabilidade comercial/Érico Eleuterio da Luz. -- 2. ed. -- Curitiba, PR : InterSaberes, 2025. -- (Série gestão financeira).

Bibliografia.
ISBN 978-85-227-1636-4

1. Contabilidade 2. Contabilidade comecial 3. Contabilidade – Problemas, exercícios etc.
I. Título. II. Série.

24-233239   CDD-657

Índices para catálogo sistemático:
1. Contabilidade comercial 657
Cibele Maria Dias - Bibliotecária - CRB-8/9427

1ª edição, 2015.
2ª edição, 2025.
Foi feito o depósito legal.

Informamos que é de inteira responsabilidade do autor a emissão de conceitos.

Nenhuma parte desta publicação poderá ser reproduzida por qualquer meio ou forma sem a prévia autorização da Editora InterSaberes.

A violação dos direitos autorais é crime estabelecido na Lei n. 9.610/1998 e punido pelo art. 184 do Código Penal.

Sumário

Dedicatória • 9

Agradecimentos • 11

Apresentação • 13

Como aproveitar
ao máximo este livro • 17

I

A contabilidade comercial
e sua aplicação: uma revisão • 23

1.1 Direito comercial/empresarial • 25

1.2 Empresa e empresário • 26

1.3 Requisitos para o exercício da atividade empresarial • 29

1.4 Obrigações do empresário • 32

1.5 Aspectos societários • 35

1.6 Sociedade limitada • 42

1.7 Sociedade anônima • 44

1.8 Transformação das sociedades • 50

1.9 Formas de tributação sobre o resultado • 51

1.10 Pessoas jurídicas obrigadas a optar pelo lucro real • 55

1.11 Sistemática do lucro presumido • 60

1.12 Sistemática do lucro arbitrado • 63

1.13 Contribuição Social sobre o Lucro Líquido (CSLL) • 66

2

Escrituração contábil • 77

2.1 Operações contábeis mais comuns • 79

2.2 Controle de estoques • 79

2.3 Tipos de inventários • 80

2.4 Método de avaliação de estoques para unidades baixadas por venda • 81

2.5 Tratamento de impostos recuperáveis, devoluções, descontos e abatimentos sobre compras e vendas • 84

2.6 Outras operações contábeis • 88

2.7 Legislação societária • 97

2.8 Lei de recuperação judicial, extrajudicial e falências • 98

2.9 Legislação tributária • 99

2.10 Legislação profissional • 99

2.11 Técnica de escrituração • 101

2.12 Contas retificadoras do ativo e do passivo • 103

2.13 Contas retificadoras ativas • 104

2.14 Contas retificadoras passivas • 109

3

Demonstrações financeiras das empresas comerciais • 119

3.1 Balanço patrimonial • 121

3.2 Demonstrações contábeis: demonstração do resultado do exercício (DRE) • 147

3.3 Conteúdo das contas • 154

4

Demonstração das mutações do
patrimônio líquido • 167

4.1 DRA e DMPL: importância, estrutura e formação • 169

4.2 Demonstração das mutações do patrimônio líquido (DMPL) • 175

4.3 Notas explicativas • 190

Estudo de caso • 205

Para concluir... • 209

Referências • 211

Respostas • 219

Sobre o autor • 223

Dedicatória

Dedico este livro aos meus irmãos, Manuel Eleuterio da Luz e Antônio Eleuterio da Luz, que partiram, ainda anjos, para a Eternidade, vítimas das mazelas de um país que se recusava a olhar para si mesmo.

Agradecimentos

Agradeço a Deus, por todas as bênçãos que tem me proporcionado.

À minha família, especialmente aqueles que já partiram (pai, mãe, Eva, David, Manuel e Antônio), que não viveram para ver o livro concluído.

Ao meu filho, Matheus Lourenço Eleuterio da Luz, por todas as razões e por todo o amor do mundo.

A todos da equipe da Editora InterSaberes, pela competência e pelo zelo profissional com que conduzem seu trabalho.

"Bem aventurado o homem que põe no Senhor a sua confiança, e que não respeita os soberbos nem os que se desviam para a mentira".

(Salmos, 40:4)

Apresentação

Com este livro, procuramos abordar os conceitos e a importância da contabilidade comercial, ou seja, a perspectiva contábil direcionada para atividades comerciais e, considerando a estrutura econômica brasileira, também para empresas prestadoras de serviços. A atividade de prestação de serviços está, em muitos casos, atrelada à atividade comercial da empresa. Assim, nesta obra buscamos apresentar os aspectos legais, contábeis e fiscais desse tipo de empresa. Daremos ênfase, obviamente, aos aspectos contábeis, embora seja importante destacar, ainda que resumidamente, as premissas legais e fiscais atinentes à atividade comercial. Nos aspectos legais societários, abordaremos os tipos societários mais comuns que formalizam a atividade comercial, ou seja, a sua constituição; nos aspectos tributários, nosso texto destacará a tributação sobre o lucro. Uma gestão empresarial que se pretende competente deve permitir a compreensão e o domínio de todos os aspectos que listamos anteriormente, na condução dos negócios e nas decisões estratégicas e operacionais inerentes a qualquer organização, não sendo esse privilégio das atividades comerciais.

A contabilidade brasileira experimentou, nos últimos anos, uma alteração significativa em sua estrutura e em determinados conceitos, mas a compreensão dessas novas regras e o entendimento dos novos relatórios contábeis já fazem parte do cotidiano dos contadores.

A adesão do Brasil às normas internacionais de relatórios financeiros é uma evolução extraordinária na contabilidade, o que se traduz em maior valor agregado das informações contábeis para seus usuários, pois permite uma visão mais aprimorada dos valores que representam a situação econômica e financeira das sociedades comerciais.

Observe o que diz o art. 176 da Lei das Sociedades por Ações – Lei n. 6.404, de 15 de dezembro de 1976:

> Art. 176. Ao fim de cada exercício social, a diretoria fará elaborar, com base na escrituração mercantil da companhia, as seguintes demonstrações financeiras, que deverão exprimir com clareza a situação do patrimônio da companhia e as mutações ocorridas no exercício:
> I – balanço patrimonial;
> II – demonstração dos lucros ou prejuízos acumulados;
> III – demonstração do resultado do exercício;
> IV – demonstração dos fluxos de caixa (incluído pela Lei n. 11.638/2007);
> V – se companhia aberta, demonstração do valor adicionado (incluído pela Lei n. 11.638/2007). (Brasil, 1976b)

Ao adotar as novas regras contábeis, processo que se aprimorou e se consolidou a partir de 2008, o Brasil aderiu de forma absoluta aos novos critérios contábeis internacionais de reconhecimento, mensuração e evidenciação. Atualmente, as empresas de capital aberto e as sociedades de grande porte (SGP) devem observar integralmente as novas regras contábeis brasileiras, frutos da convergência com as regras internacionais. SGP é aquela definida no art. 3º da Lei n. 11.638, de 28 de dezembro de 2007:

> Art. 3º Aplicam-se às sociedades de grande porte, ainda que não constituídas sob a forma de sociedades por ações, as disposições da Lei n. 6.404, de 15 de dezembro de 1976, sobre escrituração e elaboração de demonstrações financeiras e a obrigatoriedade de auditoria independente por auditor registrado na Comissão de Valores Mobiliários.
> Parágrafo único. Considera-se de grande porte, para os fins exclusivos desta Lei, a sociedade ou conjunto de sociedades sob controle comum que tiver, no exercício social anterior, ativo total superior a R$ 240.000.000,00 (duzentos e quarenta milhões de reais) ou receita bruta anual superior a R$ 300.000.000,00 (trezentos milhões de reais). (Brasil, 2007)

O nosso propósito com este livro é contribuir com conceitos contábeis que possam se traduzir em uma melhor compreensão e utilização dessas ferramentas tão essenciais para a gestão de negócios, abordando conceitos e operações contábeis mais comuns na contabilidade comercial. Em termos de relatórios, a abordagem que utilizamos parte da premissa de que devemos destacar todos os relatórios obrigatórios, independentemente da atividade da empresa, seja comercial, seja industrial ou de serviços.

Como aproveitar ao máximo este livro

Este livro traz alguns recursos que visam enriquecer o seu aprendizado, facilitar a compreensão dos conteúdos e tornar a leitura mais dinâmica. São ferramentas projetadas de acordo com a natureza dos temas que vamos examinar. Veja a seguir como esses recursos se encontram distribuídos no decorrer desta obra.

Conteúdos do capítulo

- Estrutura contábil brasileira.
- Conceito e objetivo da contabilidade comercial.
- Constituição de empresas comerciais.
- Noções sobre tributação nas empresas comerciais.

Após o estudo deste capítulo, você será capaz de:

1. compreender a atual estrutura da contabilidade brasileira;
2. entender o conceito e a importância da contabilidade comercial;
3. dominar os aspectos legais sobre constituições de empresas comerciais e os tipos societários;
4. reconhecer aspectos gerais sobre a tributação em atividades comerciais.

Conteúdos do capítulo

Logo na abertura do capítulo, você fica conhecendo os conteúdos que serão abordados.

Após o estudo deste capítulo, você será capaz de:

Você também é informado a respeito das competências que irá desenvolver e dos conhecimentos que irá adquirir com o estudo do capítulo.

Síntese

O profissional envolvido com o estudo e a aplicação dos conceitos da contabilidade comercial deve ter um amplo domínio das técnicas de escrituração e da legislação atinente a essas técnicas. O mecanismo de débito e crédito, representado conceitualmente pelo **método das partidas dobradas**, é a essência do reconhecimento dos fatos contábeis.

A geração e a disponibilização de informações úteis aos gestores depende de uma política contábil adequada, que se inicia pela estruturação de um plano de contas que atenda às necessidades da organização. Nesse sentido, é importante dar destaque às operações contábeis tradicionais, que representam valores com impactos significativos no patrimônio e no resultado, como a depreciação, os ajustes para perdas prováveis, o cálculo do custo das mercadorias vendidas, entre outras operações que requerem um tratamento especial na contabilização quanto no cálculo e posterior geração dos relatórios contábeis.

Questões para revisão

1. Em que consiste a depreciação e quais as suas causas?

2. Em que circunstância devemos promover o ajuste do estoque ao seu valor de mercado?

3. A redução do valor dos elementos do ativo será registrada periodicamente nas contas de:
   a) provisão para perdas prováveis, no caso de perda por ajuste ao valor provável de realização, quando este for inferior.
   b) depreciação, quando corresponder à perda do valor de capital aplicado na aquisição de direitos da propriedade industrial ou comercial.
   c) exaustão, quando corresponder à perda de valor dos direitos que têm como objeto bens físicos sujeitos a desgaste ou perda de utilidade por uso, ação da natureza ou obsolescência.
   d) provisão para ajuste ao valor de mercado, no caso de perda pelo ajuste do custo de aquisição ao valor de mercado, quando este for inferior.

4. Assinale a alternativa que contenha apenas contas redutoras do patrimônio líquido:
   a) Reserva de lucros, depreciação acumulada, ações em tesouraria.
   b) Ações em tesouraria, capital a integralizar, prejuízos acumulados.
   c) Capital social, capital subscrito, provisão para devedores duvidosos.
   d) Reservas de capital, reservas de lucros, prejuízos acumulados.

Saiba mais

Você pode consultar as obras indicadas nesta seção para aprofundar sua aprendizagem.

Saiba mais

Os leitores interessados em aprofundar os estudos sobre conceitos de contabilidade devem consultar:

FABRETTI, L. C. **Contabilidade tributária**. 11. ed. São Paulo: Atlas, 2009.
IUDÍCIBUS, S. DE; MARION, J. C. **Contabilidade comercial**. São Paulo: Atlas, 2012.
RAMOS, A. L. S. C. **Direito empresarial esquematizado**. São Paulo: Método, 2011.

Exercícios resolvidos

1. Uma entidade apresenta, em 31/12/X0, os seguintes saldos de contas:

Contas	Saldo (R$)
Ações de outras empresas – para negociação imediata	400,00
Ações em tesouraria	300,00
Ajustes de avaliação patrimonial – saldo devedor	900,00
Aplicações em fundos de investimento com liquidez diária	2.600,00
Bancos – conta movimento	6.000,00
Caixa	700,00
Capital social	40.000,00
Clientes – vencimento em março/X1	12.000,00
Clientes – vencimento em março/X2	6.600,00
Clientes – vencimento em março/X3	4.000,00
Depreciação acumulada	8.800,00
Despesas pagas antecipadamente (prêmio de seguros com vigência até dezembro/X1)	300,00
Estoque de matéria-prima	5.000,00
Financiamento bancário – a ser pago em 12 parcelas mensais de igual valor, vencendo a primeira em janeiro/X1	30.000,00
Fornecedores	19.000,00
ICMS a recuperar	600,00
Imóveis de uso	26.000,00
Impostos a pagar – vencimento em janeiro/X1	6.400,00
Máquinas	18.000,00
Obras de arte	4.000,00
Participação societária em empresas controladas	14.000,00
Participações permanentes no capital de outras empresas	1.000,00
Reserva legal	4.000,00
Reserva de capital	2.200,00
Veículos	8.000,00

No balanço patrimonial, o saldo do ativo circulante é igual a:
a) R$ 24.300,00.
b) R$ 25.000,00.
c) R$ 27.200,00.
d) R$ 27.600,00.

Exercícios resolvidos

A obra conta também com exercícios seguidos da resolução feita pelo próprio autor, com o objetivo de demonstrar, na prática, a aplicação dos conceitos examinados.

Perguntas & Respostas

Indique uma diferença entre o balanço patrimonial e a demonstração do resultado do exercício (DRE).

O balanço patrimonial é formado pelas contas patrimoniais (contas representativas de bens, direitos e obrigações); já a DRE é formada pela contas de resultado (contas representativas de uma receita e uma despesa).

Onde se classifica o resultado não operacional?

A partir das alterações na legislação contábil – pelas Leis n. 11.638/2007 e n. 11.941/2009 –, não existe mais o resultado não operacional.

Perguntas & Respostas

Nesta seção, o autor responde a dúvidas frequentes relacionadas aos conteúdos do capítulo.

Consultando a legislação

Você pode consultar também os textos legais relacionados aos assuntos abordados no capítulo.

Consultando a legislação

Você poderá consultar as seguintes leis para se aprimorar nos aspectos legais que fundamentaram este capítulo:

1. Lei 6.404, de 15 de dezembro de 1976, especialmente o Capítulo XV, que trata do exercício social e das demonstrações financeiras.
2. Lei 10.406, de 10 de janeiro de 2002, o Código Civil, especialmente os arts. 1.179 a 1.195, que tratam da escrituração contábil das empresas.
3. Lei 11.638, de 28 de dezembro de 2007, que cria a sociedade de grande porte.

Estudo de caso

Os administradores da empresa Comercial Ltda. receberam, da área contábil, o balanço patrimonial encerrado nos períodos indicados a seguir. Receoso de que algo pudesse estar errado, a administração submeteu o relatório ao crivo de uma equipe de auditores, para que certificassem – por meio de um parecer – a observância, por parte do contador, dos princípios e das normas que regulam a contabilidade no Brasil. A administração pediu cuidado especial para as **contas a receber**, bem como para os **estoques** e as **provisões** no passivo.

Empresa: exemplo		
Balanço patrimonial	2013	2012
	Valor (R$)	Valor (R$)
Ativo		
Ativo circulante	4.207.169	4.614.938
Disponível	2.157.148	2.401.822
Títulos e valores mobiliários	240.077	249.511
Clientes	1.158.615	1.307.523
Estoques	438.091	457.636
Outros	213.238	198.446
Ativo não circulante	9.602.8...	
Realizável a longo prazo	367.6...	
Investimentos	1.278.7...	
Imobilizado	7.947.8...	
Intangíveis	8.4...	
Total do ativo	13.809.9...	

Estudo de caso

Esta seção traz ao seu conhecimento situações que vão aproximar os conteúdos estudados de sua prática profissional.

/ct contabilidade
comercial
e sua aplicação:
uma revisão

Conteúdos do capítulo:

- Estrutura contábil brasileira.
- Conceito e objetivo da contabilidade comercial.
- Constituição de empresas comerciais.
- Noções sobre tributação nas empresas comerciais.

Após o estudo deste capítulo, você será capaz de:

1. compreender a atual estrutura da contabilidade brasileira;
2. entender o conceito e a importância da contabilidade comercial;
3. dominar os aspectos legais sobre constituições de empresas comerciais e os tipos societários;
4. reconhecer aspectos gerais sobre a tributação em atividades comerciais.

1.1 Direito comercial/empresarial

A constituição de um negócio e sua respectiva formalização observam uma série de passos que devem ser de domínio dos contadores. A Lei n. 10.406, de 10 de janeiro de 2002, o Código Civil Brasileiro, que entrou em vigor em janeiro de 2003, trouxe significativas mudanças no Direito das Empresas e na regulamentação das sociedades em geral (Brasil, 2002).

As alterações iniciam-se pelos seus diversos tipos societários, dentre eles a sociedade limitada – que, sob a égide do Decreto n. 3.708, de 26 de março de 1919 (Brasil, 1919), era denominada *sociedade por quotas de responsabilidade limitada* –, a sociedade em conta de participação, a sociedade em nome coletivo, a sociedade em comandita simples, a sociedade anônima, a sociedade em comandita por ações, a sociedade cooperativa e a sociedade dependente de autorização.

O Código Civil revogou a primeira parte do Código Comercial – Lei n. 556, de 25 de junho de 1850 (Brasil, 1850) –, que adotava a teoria dos atos do comércio, introduzindo o Direito de Empresa no novo Código Civil. Por esse conceito, é considerada *empresária* a atividade econômica típica de empresário sujeito a registro, sendo as demais atividades consideradas *simples*. Portanto, deixa de existir a sociedade civil.

O vocábulo *empresa* é utilizado no sentido de atividade desenvolvida pelos indivíduos ou pelas sociedades, a fim de promover a produção e a circulação das riquezas. É esse objetivo fundamental que rege os diversos tipos de sociedades empresariais.

1.2 Empresa e empresário

A legislação relativa ao Direito de Empresa estabeleceu claramente os conceitos de *empresa* e *empresário*, fazendo uma referência clara ao empresário como aquele que exerce a atividade econômica, em nome individual (empresário individual) ou coletivamente (sociedade empresária), como veremos adiante.

1.2.1 Definições

O art. 966 do Código Civil (Lei n. 10.406/2002) classifica como **empresário** quem exerce, como profissão, atividade econômica organizada para a produção ou a circulação de bens e serviços. No seu parágrafo único, no entanto, o artigo afirma que não é empresário quem exerce profissão intelectual, de natureza científica, literária ou artística, mesmo tendo colaboradores ou auxiliares, salvo se o exercício constituir elemento de empresa.

Portanto, o empresário é a pessoa física ou jurídica que faz funcionar a empresa, desempenhando atividade econômica organizada para produzir ou fazer circular bens ou serviços e satisfazer as necessidades alheias.

Diferentemente do que faz pensar o senso comum, a **empresa** não é objeto ou coisa concreta, sendo compreendida como substantivo abstrato, indicando a atividade a ser exercida pelo empresário, que pode ser individual ou uma sociedade empresária.

1.2.2 Espécies

Mesmo apresentando natureza abstrata, as empresas são classificadas segundo alguns fatores:

- Pela atividade desenvolvida:
  - comerciais;
  - industriais;
  - prestadoras de serviços;
  - agropecuárias.
- Pela qualidade dos sócios:
  - públicas;
  - privadas;
  - de economia mista.
- Pela personalidade jurídica do empresário:
  - personificada ou regular;
  - não personificada ou de fato.
- Pelo número de empresários:
  - individual;
  - coletiva.

Para o que nos interessa neste livro, **empresa comercial** é aquela que tem como atividade econômica a prática de atos de troca, ou seja, se organiza para a aquisição de mercadorias e sua posterior venda, com a realização de lucro.

O **arquivamento do ato constitutivo** da atividade na Junta Comercial é uma formalidade para se declarar a qualidade de empresário, e não para conferir o direito de ser empresário, pois a lei não veda o exercício da atividade empresarial sem o arquivamento de ato constitutivo na Junta, como ocorre na área da economia informal, composta por empresários de fato.

Embora a lei não contenha previsão de pena para o empresário que não arquiva o ato constitutivo na Junta Comercial, essa omissão pode ensejar outras penas, passíveis de punição pelas leis tributárias e penais, tais como: falta de livro obrigatório, que configura crime falimentar, no caso de declaração de falência; não emissão de nota fiscal nas vendas; sonegação de tributos etc.

É **individual** a empresa organizada e colocada em funcionamento por conta e risco de uma única pessoa, que é o **empresário individual**. **Coletiva** é a empresa ativada por pessoa jurídica, tratando-se de uma **sociedade**.

O Código Civil também adotou o princípio anterior de **pluralidade nas sociedades**, pois seu art. 981 dispõe: "celebram contrato de sociedade as pessoas que reciprocamente [...]" (Brasil, 2002).

Merece destaque a redação do parágrafo 1º, do artigo 1052 da Lei n. 10.406, de 2002 (Código Civil), autorizando que a sociedade limitada pode ser constituída por 1 (uma) ou mais pessoas, oportunizando o exercício da atividade de empresário àqueles que não pretendem ter sócios, mas que não querem correr o risco de ter seu patrimônio pessoal afetado por dívidas oriundas do exercício da atividade econômica. É a sociedade limitada unipessoal.

O parágrafo 2º do citado art. 1052 do Código Civil diz textualmente que, se for unipessoal, aplicar-se-ão ao documento de constituição do sócio único, no que couber, as disposições sobre o contrato social.

1.3 Requisitos para o exercício da atividade empresarial

Embora o exercício da atividade econômica seja qualificado pela **liberdade**, ou seja, está disponível a todos aqueles que se propõem a assumir os riscos de uma atividade econômica com o objetivo de obter lucro, existem alguns **requisitos** que devem ser cumpridos para o exercício desse direito, sendo o primeiro deles a **capacidade civil**, sem prejuízo de outros que venham a ser exigidos, dependendo da atividade a ser desenvolvida e da pessoa natural que pretende executá-la.

1.3.1 Capacidade civil e empresarial

O art. 972 da Lei n. 10.406/2002 determina que a **capacidade empresarial regular** é adquirida por aqueles que estiverem em pleno gozo da **capacidade civil** e não forem legalmente impedidos.

A **pessoa natural**, desde o seu nascimento até a sua morte, tem **capacidade** para ser titular de direitos e obrigações na ordem civil, o que não significa, contudo, que possa exercer pessoalmente tais direitos; isto é, uma coisa é a **titularidade de direitos** e outra é a **capacidade** para, pessoalmente, exercê-los.

Em determinados casos, essa lei restringe o exercício pessoal de direitos, dependendo da idade, da saúde ou do estado mental de certas pessoas, sempre no intuito de protegê-las, limitando-as ou proibindo-as. Tais pessoas são, assim, classificadas de *absolutamente* e *relativamente incapazes*. É o que dispõem os arts. 4º e 5º do Código Civil, os quais afirmam expressamente:

- São absolutamente incapazes de exercer pessoalmente os atos da vida civil:
  - os menores de 16 (dezesseis) anos;

- os que, por enfermidade ou deficiência mental, não tiverem o necessário discernimento para a prática desses atos;
- os que, mesmo por causa transitória, não puderem exprimir sua vontade, como os surdos-mudos.

- São incapazes, relativamente a certos atos ou à maneira de exercê-los:
  - os maiores de 16 (dezesseis) e menores de 18 (dezoito) anos;
  - os ébrios habituais, os viciados em tóxicos e os que, por deficiência mental, tenham o discernimento reduzido;
  - os excepcionais sem desenvolvimento mental completo;
  - os pródigos.

É importante ressaltarmos que, para que os atos praticados pelos incapazes tenham validade, devem ser revestidos de determinados requisitos. Os **absolutamente incapazes** serão sujeitos à **representação**, que será exercida por seus representantes legais, ao passo que os **relativamente incapazes** serão **assistidos**.

1.3.2 Registro público do empresário

A Lei n. 8.934, de 18 de novembro de 1994 (Brasil, 1994), bem como o Decreto n. 1.800, de 30 de janeiro de 1996 (Brasil, 1996a), disciplinam o **registro do ato constitutivo** do empresário e da sociedade empresária, além de regularem o Sistema Nacional de Registro de Empresas Mercantis (Sinrem), composto pelo Departamento Nacional de Registro do Comércio (DNRC) e pelas Juntas Comerciais. As funções do DNRC, no campo técnico, são de supervisão, orientação e coordenação.

As Juntas Comerciais têm **jurisdição estadual**, sendo que em cada estado brasileiro há uma unidade com as prerrogativas de executar serviços de registro, compreendendo a matrícula e seu cancelamento, o arquivamento dos atos constitutivos e a autenticação de documentos de empresários e profissionais sujeitos à matrícula, como leiloeiros, trapicheiros etc.

De interesse dos empresários (empresário individual e sociedade empresária) são o **registro** e o **arquivamento** do ato constitutivo e dos documentos que comprovem a capacidade jurídica regular e a legalidade dos demais atos societários práticos.

1.3.3 Formalização do empresário e da sociedade empresária

O ato constitutivo do empresário individual é o **requerimento de empresário** e o da sociedade é o **contrato social** (no caso das sociedades limitadas) ou o **estatuto** (no caso das sociedades anônimas) – e é a partir do seu arquivamento pela Junta Comercial que a pessoa jurídica passa a existir legalmente, conforme o art. 45 do Código Civil expressamente indica:

> Art. 45. Começa a existência legal das pessoas jurídicas de direito privado com a inscrição do ato constitutivo no respectivo registro, precedida, quando necessário, de autorização ou aprovação do Poder Executivo, averbando-se no registro todas as alterações por que passar o ato constitutivo. (Brasil, 2002)

É importante destacarmos que, a despeito da obrigatoriedade do arquivamento do requerimento para o exercício da atividade de empresário individual, este não se configura *pessoa jurídica* – qualidade apenas reservada às sociedades. Isso ocorre porque o art. 44 do Código Civil elenca as pessoas jurídicas de direito privado, como podemos ver a seguir:

> Art. 44. São pessoas jurídicas de direito privado:
> I – as associações;
> II – as sociedades;
> III – as fundações;
> IV – as organizações religiosas;
> V – os partidos políticos.

VI – as empresas individuais de responsabilidade limitada. (Brasil, 2002)

1.4 Obrigações do empresário

O empresário, seja individual, seja sociedade empresária, vincula-se a diversas **obrigações**, de natureza administrativa, fiscal ou contábil.

Em termos de **obrigações contábeis**, o Código Civil (arts. 1.179 a 1.195) destaca as obrigações relativas à adoção e à utilização de um **sistema de contabilidade**, mecanizado ou não, com base na **escrituração** uniforme de seus livros, em correspondência com a documentação respectiva, bem como obriga o empresário a levantar anualmente os balanços patrimonial e de resultado econômico. Entre outras formalidades legais, destacamos a obrigatoriedade da manutenção dos demais livros exigidos por lei, sendo indispensável o **livro diário**, que deve ser autenticado no Registro Público de Empresas Mercantis.

1.4.1 Nome empresarial

O primeiro aspecto que devemos observar ao encaminharmos o ato constitutivo da sociedade empresária é a busca do **nome empresarial** que pretendemos utilizar para sua caracterização. A legislação que regula a matéria está contida no Código Civil, em seus arts. 1.155 a 1.168; na Lei n. 8.934/1994, sobre Registro Público de Empresas Mercantis e Atividades Afins; e na Lei n. 6.404, de 15 de dezembro de 1976, que regula as sociedades anônimas (Brasil, 1976b). As espécies de nomes empresariais referidas pelo Código Civil são a firma social, a empresa individual e a denominação social.

A **empresa individual** é a espécie de nome comercial de uso obrigatório do empresário individual, composto pelo seu nome civil e permitida a adição de expressões para distinção de nomes semelhantes, ou conforme exigência da lei (a expressão EIRELI).

A **firma social** é a espécie de nome empresarial composto pelo nome de um, alguns ou todos os sócios, sendo acompanhado da expressão *& Cia.*, se ocorrer a omissão do nome de algum deles. Obrigatoriamente, é utilizada pelas sociedades em nome coletivo e em comandita simples, e facultativamente pelas sociedades limitadas e em comandita por ações, que podem escolher entre a firma e a denominação social.

Por sua vez, a **denominação social** é a espécie de nome empresarial composto por uma expressão qualquer, em regra relacionada com a atividade desempenhada, acompanhada de termos que identificam o tipo de sociedade, como *S/A* (ou sociedade anônima) ou *Ltda.* (sociedade limitada).

O nome de empresa adotado pelo empresário regular é utilizado por ele com exclusividade após o arquivamento do ato constitutivo na Junta Comercial. É importante destacarmos, também, que o empresário pode adotar outro nome com o qual não se confunda: o **título de estabelecimento**, também designado **nome fantasia**, composto de expressão original, até mesmo lúdica, conforme o interesse do empresário para se fazer conhecido pelo público, não sendo disciplinado por lei.

Podemos apresentar o nome empresarial da seguinte forma:

Figura 1.1 – Natureza de cada espécie de nome empresarial e seu respectivo uso pelos administradores

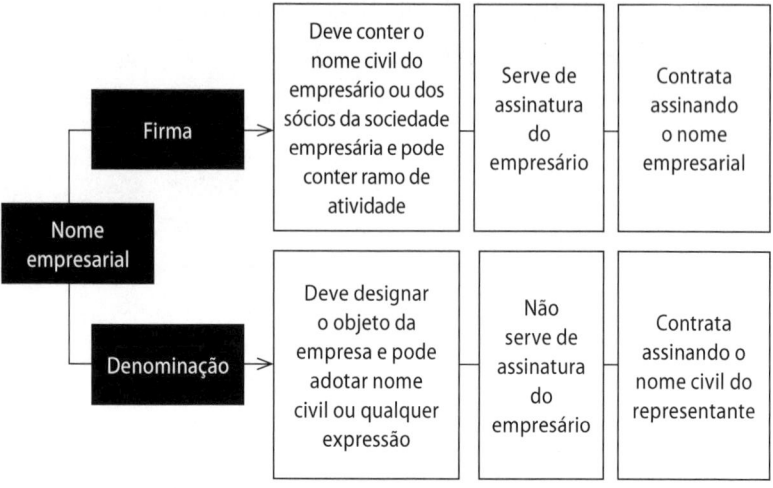

Fonte: Ramos, 2011, p. 103.

Em relação às possibilidades de uso de cada espécie de nome, podemos visualizar a figura a seguir:

Figura 1.2 – Possibilidades de uso de cada espécie de nome

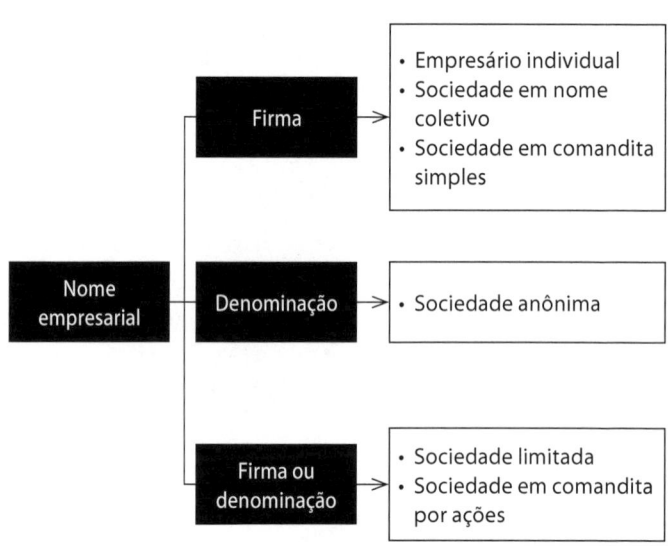

Fonte: Ramos, 2011, p. 105.

Podemos observar, então, que as sociedades anônimas obrigatoriamente deverão utilizar a denominação, enquanto que as sociedades em nome coletivo se obrigam ao uso da firma social. As sociedades limitadas e aquelas em comandita por ações podem optar entre um ou outro tipo.

1.5 Aspectos societários

A **sociedade**, assim como a associação e a fundação, é uma espécie de **pessoa jurídica de direito privado**, conforme consta no art. 44 da Lei n. 10.406/2002. Conforme definição do art. 981 do mesmo Código Civil, é constituída por **pessoas** (físicas ou jurídicas) que, reciprocamente, obrigam-se a contribuir com bens ou serviços para o **exercício de atividade econômica** e a partilha entre si dos **resultados**, sendo, portanto, reconhecida como *sujeito de direitos e obrigações* pela lei brasileira.

Ao adotar a **teoria da empresa**, o Código Civil ampliou a abrangência da legislação societária, permitindo que seu estudo não ocorra somente em relação às **sociedades empresárias**, ou seja, àquelas que exercem atividade própria de empresário, mas também abarcando o estudo das **sociedades não empresárias**, conhecidas como *sociedades simples*.

Observe, na Figura 1.3, a representação da empresa com base em seus pressupostos fundamentais.

Figura 1.3 – Representação empresarial com base nos pressupostos fundamentais

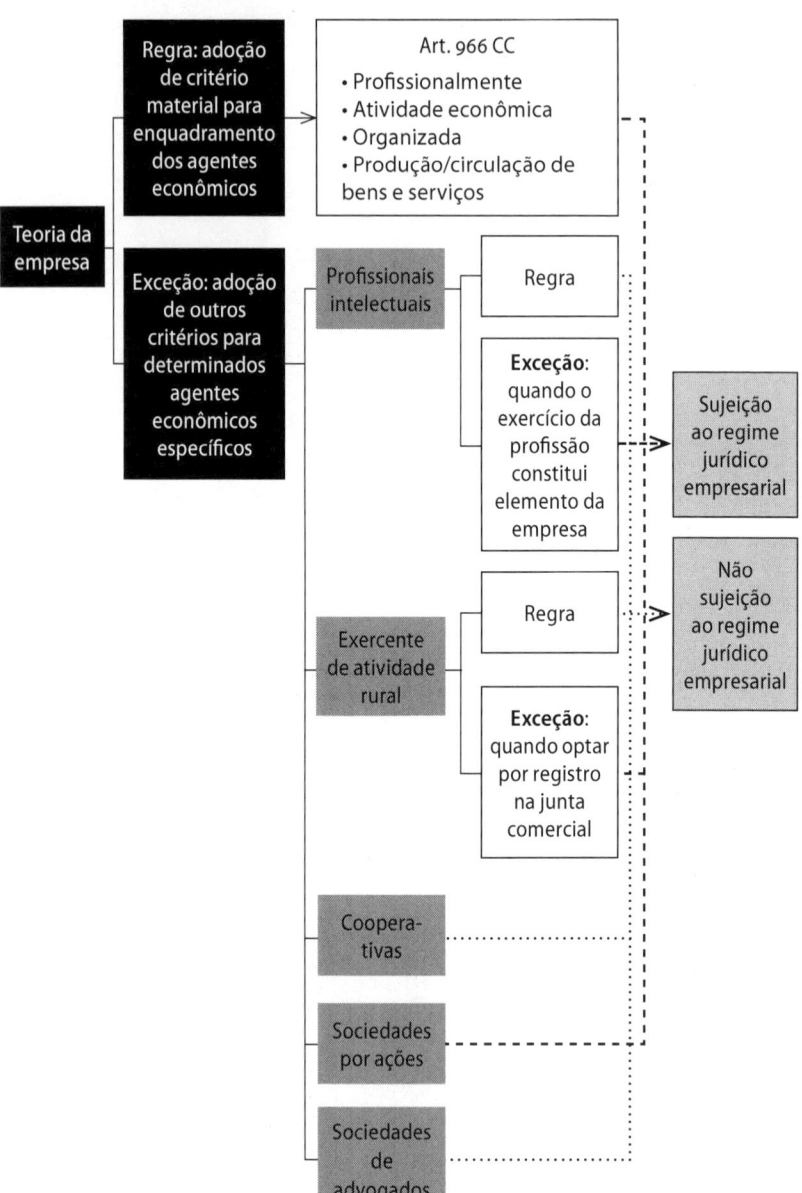

FONTE: Ramos, 2011, p. 77.

1.5.1 Classificação das sociedades

As sociedades, conforme o Código Civil, são divididas em:

- personificadas;
- não personificadas.

Entre as **não personificadas**, temos as sociedades:

- em comum;
- em conta de participação.

Entre as sociedades **personificadas**, encontramos as:

- simples;
- empresárias.

Por fim, entre as **sociedades empresárias**, temos as:

- em nome coletivo;
- em comandita simples;
- limitadas;
- anônimas;
- em comandita por ações.

Podem ser classificadas também:

- quanto à **estrutura econômica** ou à **qualidade pessoal dos sócios**, em sociedades:
  - de pessoas;
  - de capital.
- pela **responsabilidade dos sócios**, em sociedades:
  - ilimitadas;
  - limitadas;
  - mistas.

Entre todos os tipos jurídicos de sociedades, as que mais são utilizadas, em torno de 97%, são as **sociedades anônimas** e as **sociedades limitadas**: "as demais sociedades praticamente [...] [não são mais empregadas pelo] meio empresarial, e isto se explica especialmente pelo fato de seus sócios, ou pelo menos uma classe deles, serem responsabilizados ilimitadamente pelas dívidas da sociedade" (Bertoldi, 2021, p. 202).

1.5.1.1 Personificada ou regular

Conforme disposto no art. 997 e incisos do Código Civil, é considerada *personificada* a sociedade que arquiva o seu ato constitutivo no registro público competente (Junta Comercial ou Registro Civil das Pessoas Jurídicas), e *não personificada* ou *irregular* aquela que não procede ao arquivamento do seu ato constitutivo.

1.5.1.2 Sociedade em comum

Prevista no art. 986 do Código Civil, diz-se da **sociedade não personificada** que age no mercado, mas não teve seu ato constitutivo registrado no órgão competente, com seus sócios respondendo, dessa forma, solidária e ilimitadamente pelas obrigações sociais.

1.5.1.3 Sociedade em conta de participação

Da mesma forma que a sociedade em comum, a sociedade em conta de participação é **não personificada**, sendo entendida pela doutrina como não fazendo parte da classificação das sociedades, mas se tratando de um **contrato** – não necessariamente por escrito – entre aqueles que a compõem, que acordam entre si a exploração de determinado empreendimento empresarial em proveito comum, sob o nome e a responsabilidade de um ou alguns dos sócios, a quem cabe a administração da sociedade.

Prevista nos arts. 991 a 996 do Código Civil, nesse tipo de sociedade existem as figuras do **sócio ostensivo** e do **sócio participante ou oculto**, sendo que aquele é o único que se obriga para com terceiros, e este – o oculto –, unicamente para com o mesmo sócio, por todos os resultados das transações e obrigações sociais empreendidas nos termos precisos do contrato. A existência da sociedade nas relações entre os sócios deve ser comprovada por escrito, mas terceiros podem prová-la de qualquer modo.

1.5.1.4 Sociedade simples e sociedade empresária

As sociedades simples e as empresárias se distinguem pelo **objeto social**, tendo a primeira atividade **não empresária** e a segunda, a prática dos atos de comércio ou **atividade comercial**.

1.5.1.5 Sociedade em nome coletivo

É aquela em que a **responsabilidade dos sócios é ilimitada**, ou seja, os sócios **respondem subsidiária, solidária e ilimitadamente pelas obrigações** contraídas pela sociedade – isto é, na falta de bens sociais, qualquer um deles responde pessoalmente pelas obrigações. Seu nome comercial obedecerá obrigatoriamente à espécie **firma social**. Por exemplo: Alves e Silva & Cia.

1.5.1.6 Sociedade em comandita simples

É a sociedade que tem como característica a existência de **sócios que respondem ilimitadamente** pelas dívidas da sociedade (sócios comanditados), obrigatoriamente pessoas físicas, e **sócios prestadores de capital** (sócios comanditários), responsáveis pelos fundos declarados no contrato, e tão somente por isso.

1.5.1.7 Sociedade em comandita por ações

Instituída pela Lei n. 6.404/1976, que também regula as sociedades anônimas, a sociedade em comandita por ações tem as mesmas características da **sociedade em comandita simples**, com algumas peculiaridades: o sócio comanditado deve ser obrigatoriamente um de seus acionistas, sendo todos os demais sócios comanditários.

1.5.1.8 Sociedade de responsabilidade ilimitada

Nas sociedades cuja responsabilidade dos sócios é **ilimitada**, estes respondem de forma **solidária** – todos respondem, sem benefício de ordem – e **ilimitada** – seus patrimônios pessoais serão utilizados para pagar eventuais dívidas que não sejam cobertas pelos bens da sociedade. Destacam-se como sociedades com essas características a **sociedade em nome coletivo** e aquelas **não personificadas**, mais especificamente a **sociedade em comum**.

1.5.1.9 Sociedade de responsabilidade limitada

Na sociedade de responsabilidade **limitada**, os sócios, via de regra, **não responderão** pelas dívidas da sociedade – ou seja, se os bens sociais não cobrirem as dívidas, os sócios não são obrigados a responder. Apenas nos casos em que haja dolo, culpa, excesso de poder, desvio de finalidade ou outro tipo de uso indevido da sociedade, por parte do sócio, é que poderá ocorrer sua responsabilidade pessoal, cujos exemplos mais importantes são as **sociedades limitadas**, previstas nos arts 1.052 a 1.087 do Código Civil, e as sociedades anônimas, reguladas pela Lei n. 6.404/1976.

1.5.1.10 Sociedade de responsabilidade mista

A sociedade de **responsabilidade mista** é aquela que contempla **dois tipos de sócios**, sendo que alguns respondem de forma solidária, subsidiária e ilimitada pelas dívidas sociais, e outros limitam sua responsabilidade ao valor subscrito no capital social. As **sociedades em comandita** (simples e por ações) são exemplos desse tipo de sociedade.

1.5.1.11 Sociedade de pessoas

As sociedades **de pessoas** são aquelas que se fundamentam nas **qualidades pessoais dos sócios**, os quais apresentam uma característica comum e específica. Tipicamente, podem ser consideradas *de pessoas* as sociedades de médicos, advogados, contadores etc., pois nelas não poderá haver um sócio que não tenha aquela qualidade que diz respeito ao próprio objeto da sociedade – ou seja, um engenheiro não poderá ser sócio de um escritório contábil, pois ali devem figurar sócios contadores com o devido registro profissional no Conselho Regional de Contabilidade (CRC).

Essas sociedades **são administradas pelos sócios,** escolhidos entre eles mesmos, designados *gerentes,* sendo vedada a escolha de estranhos. Contudo, permitindo o contrato, o gerente pode outorgar procuração para um terceiro executar suas atribuições; se este prejudicar a sociedade, a obrigação de reparação é do sócio que outorgou poderes ao estranho. Ainda, não havendo indicação do nome do gerente no contrato social, todos os sócios serão gerentes.

Independentemente do tipo adotado, **a sociedade de pessoas responde pelas obrigações assumidas** no exercício da atividade, e não os sócios – que têm personalidade e patrimônio distintos – ou o gerente, que atua em nome dela e não em nome próprio. No entanto, se a sociedade não possui bens para pagar as dívidas, os sócios podem responder, dependendo do tipo adotado, por dolo, fraude etc.

1.5.1.12 Sociedade de capital

Nas sociedades **de capital,** o liame entre os sócios ocorre por meio do próprio capital, não importando qualidade ou característica especial. A movimentação (entrada e saída) de sócios é livre, não dependendo da autorização dos demais para ser efetivada. São genuinamente de capital as **sociedades anônimas** e as em comandita por ações.

1.6 Sociedade limitada

O tipo societário atualmente mais comum no Brasil é a **sociedade limitada**, que representa mais de 90% das sociedades personificadas existentes. Ela tem origem na lei adotada primeiramente na Alemanha, no século XVIII, e depois no Brasil, pelo Decreto n. 3.708/1919. Atualmente é disciplinada pelo Código Civil, em seus arts. 1.052 a 1.087.

1.6.1 Conceito e características

Trata-se de uma sociedade com capital social constituído pela soma dos valores das **quotas sociais**, composta por apenas uma categoria de sócios, designados *quotistas*, e caracterizada pela **limitação da responsabilidade** dos sócios ao **total do capital social**, respondendo todos pela integridade deste.

1.6.2 Capital social

Por *capital social*, entendemos a expressão monetária inserida no contrato social de uma sociedade, correspondente à **soma das contribuições prestadas pelos sócios**, em dinheiro ou bens.

1.6.3 Quota

Quota é o **valor**, em dinheiro ou bens, entregue pelos sócios como contribuição para **formar o capital social** e que lhes confere o direito de participar da distribuição dos resultados líquidos obtidos pela sociedade, bem como à partilha do acervo, quando de sua dissolução. Como titulares dos direitos conferidos pelas quotas, os sócios são, como já vimos, designados *quotistas*.

Ao constituir a sociedade, o sócio pode entregar a quantia total, com a qual pretende contribuir para a formação do capital social e ter garantida a porcentagem de participação nos lucros, nas deliberações e no acervo. Além disso, pode se comprometer a contribuir com certa quantia, em parcelas, em prazo e forma estabelecidos no contrato social. No primeiro caso, ocorre a **integralização** das quotas sociais; no segundo, as quotas e, em consequência, o capital social, não são integralizados quando da constituição da sociedade, mas sim posteriormente.

A **limitação da responsabilidade** dos sócios ao total do capital social é vinculada à integralização das quotas, pois, quando não efetuado o pagamento total assumido pelos sócios para compor o capital social, todos eles, mesmo os que integralizaram suas quotas, assumem responsabilidade solidária pelo que faltar para completar o capital social. No caso de as cotas não serem integralizadas no prazo e no modo previstos, a sociedade ou os sócios devem cobrar a dívida em ação judicial, excluir o sócio devedor, dividindo entre si ou negociando com estranhos as quotas dele, ou cancelá-las, reduzindo o capital social e restituindo ao excluído o valor por ele pago, deduzidas as despesas realizadas. O sócio devedor, que pode ser excluído da sociedade, é designado *sócio remisso*.

1.6.4 Administração

A **administração** da sociedade é um assunto de extrema relevância, pois é aqui que se norteiam as ações e as responsabilidades das pessoas que agem em nome dela. Nesse caso, a palavra *administração* não é utilizada em um mero contexto de decisões cotidianas que os executivos levam a efeito. Refere-se ao fato de a quem caberá a **condução dos negócios**, com formalização em documento específico – que poderá ocorrer no contrato social ou em ato separado – e suas consequências legais.

O art. 1.060 do Código Civil esclarece expressamente que a sociedade limitada será administrada por uma ou mais pessoas, que podem ser designadas no contrato social ou em ato separado. **Agir em nome da sociedade**, com a utilização da firma ou da denominação social, **é ato privativo do administrador** ou sócio que tenha os poderes necessários, respondendo este pelos excessos que cometer.

Ao final de cada exercício social, deverão ser realizados o inventário, o balanço patrimonial e o balanço de resultado econômico.

O gerente da sociedade limitada **não responde pessoalmente** pelas dívidas da sociedade, mas se agir com excesso de poderes – estabelecidos no contrato social – ou violar dispositivos de lei ou do próprio contrato social, **responderá ilimitadamente** por dívidas com terceiros (credores da sociedade, como fornecedores, instituições financeiras e outros). Por exemplo: se o gerente autorizar uma operação financeira (empréstimo em bancos) não permitida pela empresa, poderá vir a responder pessoalmente pela obrigação contraída, pois não tinha o poder necessário para executá-la.

1.7 Sociedade anônima

A **sociedade anônima**, ou simplesmente **S/A**, é um tipo societário não muito utilizado no Brasil, pois, como vimos anteriormente, o tipo que se sobressai no nosso país é a sociedade limitada. É geralmente denominada *companhia* e seus sócios são os *acionistas*. Geralmente, envolve grandes negócios.

1.7.1 Conceito e características

A sociedade anônima tem o **capital social dividido em ações** do mesmo valor, sendo que **a responsabilidade dos sócios é limitada ao preço de emissão das ações** subscritas ou adquiridas. **Subscrição de ações** é o ato de compromisso de compra das ações, pelo subscritor do **boletim de subscrição** elaborado pelos fundadores, para constituir a sociedade. **Aquisição de ações** é a compra de ações de acionistas por terceiro interessado.

Caracterizam a sociedade anônima, além da responsabilidade dos sócios limitada ao preço de emissão da ação subscrita ou adquirida: a faculdade de se constituir em **subsidiária integral**, que é a sociedade anônima com sócio único, isto é, outra sociedade anônima, o que configura exceção ao princípio da pluralidade da sociedade; a adoção obrigatória da **denominação social** como nome comercial, acompanhada das expressões *sociedade anônima*, ou *companhia*, ou das siglas *S/A* ou *Cia.*; a **mercantilidade**, por ser comercial, independentemente da atividade desempenhada; a materialização das ações por **certificados**; a definição precisa e completa do **objeto social** no estatuto; a **estrutura da administração**, formada de órgãos, como diretoria, conselho de administração e conselho fiscal; e a nomeação de **terceiros** como **diretores**.

1.7.2 Espécies e constituição

Há duas espécies de sociedades anônimas:

- **Abertas** – Negociam seus valores mobiliários por meio das **bolsas de valores** ou **mercado de balcão** das instituições financeiras, registram esses valores na Comissão de Valores Mobiliários (CVM) e se constituem por subscrição pública ou sucessiva.

- **Fechadas** – Os valores mobiliários são negociados pelos **fundadores** na constituição e pelos **diretores** após a constituição da sociedade; não existe registro na CVM e são constituídas por subscrição particular ou simultânea.

A **constituição** da sociedade anônima é diferente, conforme seja aberta ou fechada, sendo **sucessiva ou pública** para a primeira, e **simultânea ou particular** para a segunda.

Essa constituição ocorre por **fases**, sendo que, para as espécies fechadas, exigem-se somente as três primeiras, que mencionamos a seguir.

A sucessiva ou pública ocorre por meio das seguintes fases:

- subscrição, pelo menos por duas pessoas, de todas as ações em que se divide o capital social fixado no estatuto;
- realização, como entrada de 10% (dez por cento), no mínimo, do preço de emissão das ações subscritas em dinheiro;
- depósito, no Banco do Brasil ou em outro estabelecimento bancário autorizado pela CVM, da parte do capital realizado em dinheiro;
- elaboração de boletins de subscrição e registro na CVM, em regra por instituição financeira contratada;
- oferta de subscrição das ações ao público, pela instituição financeira ou bolsa de valores;
- convocação de subscritores e realização da assembleia de constituição, que pode se desdobrar em duas ou mais, para avaliação de bens destinados ao pagamento da subscrição e aprovação das avaliações;
- remessa do estatuto e das atas das assembleias para a Junta Comercial e publicação da certidão do arquivamento no jornal oficial.

A **constituição simultânea** ocorre com a elaboração de boletins de subscrição pelos fundadores, oferta direta ao público, convocação para assembleia, remessa à Junta Comercial do estatuto e da ata da assembleia, além da publicação no jornal oficial da certidão do arquivamento.

1.7.3 Valores mobiliários

Valores mobiliários são **títulos negociáveis emitidos pelas sociedades anônimas** para captar recursos financeiros no próprio mercado, disciplinados na Lei n. 6.385, de 7 de dezembro de 1976 (Brasil, 1976a), como: ações, partes beneficiárias, debêntures, cupões desses títulos, bônus de subscrição, certificados de depósitos de valores mobiliários e outros, criados ou emitidos por esse tipo de sociedade, segundo critério do Conselho Monetário Nacional (CMN). Não são valores mobiliários os títulos das dívidas públicas federal, estadual e municipal, e os títulos cambiais, de responsabilidade de instituições financeiras, exceto as debêntures.

1.7.4 Ação

A **ação** é um título que representa uma **fração do capital** de uma sociedade anônima. Ao sócio ou acionista que a detiver, confere direitos sociais e patrimoniais. Os **direitos sociais** implicam o poder de veto e voto nas assembleias; já os **direitos patrimoniais** dizem respeito à participação na distribuição dos lucros. Em regra, a ação poderá ser negociada livremente no mercado, sem qualquer restrição que possa ser imposta pela sociedade. Constitui-se, nesse caso, um **título de crédito** que poderá ser utilizado em transações no mercado.

Dentre as várias classificações que podem ter as ações, a mais comum é aquela que as divide em **ordinárias**, quando dão direito a voto nas assembleias, e **preferenciais**, as quais garantem o direito à preferência na distribuição de dividendos.

As ações, conforme os **direitos** que conferem aos titulares, podem ser: **ordinárias**, que atribuem direitos comuns a todos os acionistas; **preferenciais**, que conferem aos titulares vantagens ou privilégios e, em consequência, restringem ou excluem direitos, como o direito de voto; e **amortizadas ou de fruição**, que garantem o direito de participar da vida da sociedade, como sócio, e à partilha dos lucros, mas retiram dos titulares o direito de participarem da partilha do acervo na dissolução da sociedade, porque, antecipadamente, na amortização, eles receberam o valor representado pela ação.

A **ação de fruição** é aquela que substitui uma ordinária, preferencial, ou escritural, que é **amortizada**, ou seja, **tem seu valor**

pago ao acionista, que não a vende. Pelo contrário, ele a mantém, permanecendo na categoria de acionista e usufruindo dos direitos que possuía antes da amortização. Portanto, se a ação era ordinária com direito a voto, continua com esse direito; se era preferencial sem direito a voto, continua sem ele, salvo acordo em sentido contrário, no momento da amortização.

Quanto à **circulação**, as ações se classificam em duas espécies: *nominativas*, que contêm em seu texto o nome do titular; e *escriturais*, que são representadas por lançamento contábil em conta de depósito bancário, e não por certificados. As antigas ações ao portador e endossáveis foram revogadas pela Lei n. 8.021, de 12 de abril de 1990 (Brasil, 1990).

As ações podem ser resgatadas, reembolsadas, ou amortizadas, pela sociedade. O **resgate** compreende a **recompra** pela sociedade daquelas ações que estão circulando no mercado e seu posterior cancelamento. O **reembolso** é o **pagamento** realizado a acionistas que eventualmente discordem de decisões dos demais sócios e queiram exercer seu direito de recesso. Essas ações poderão ser **renegociadas** ou **canceladas**, conforme deliberação da assembleia geral (Lei n. 8.021/1990).

1.7.5 Acionistas

Denomina-se *acionista* o **titular da propriedade de ações**, título representativo de parte do capital social de uma sociedade anônima – que pode ser uma **pessoa física** ou **jurídica**. A qualidade de sócio assegura o direito de participar da dinâmica da sociedade, seja no recebimento de dividendos (distribuição dos lucros), seja, eventualmente, na partilha do acervo da companhia, no caso de liquidação.

1.7.6 Capital social

O capital social é o **capital que dá início ao empreendimento**. Trata-se do **investimento inicial dos sócios**, que pode ser em dinheiro ou outro ativo que possa ser representado em moeda, como máquinas, títulos de crédito, veículos etc. Quando o sócio adquire uma ação, está adquirindo uma parte desse capital, que futuramente poderá ser aumentado ou reduzido, conforme deliberação específica dos sócios.

1.7.7 Administração

A **administração** da sociedade anônima é a sua **representação nas decisões em relação a terceiros**, além de ser fruto da dinâmica de **órgãos administrativos**, como o conselho de administração e a diretoria, que são responsáveis pela execução de ações visando buscar os melhores resultados.

1.7.8 Assembleia geral: quórum

A **assembleia geral é o órgão máximo da sociedade**, que tem a prerrogativa da deliberação acerca de sua atuação, mas deve atuar sempre em consonância com o que for determinado e permitido pela lei e pelo objetivo social. Suas decisões são soberanas, quando respeitadas todas as normas legais e administrativas que versem sobre o tema objeto da decisão.

1.7.9 Conselho de administração e diretoria

O **conselho de administração** é um colegiado tido como **órgão de execução**, que tem como função **orientar** e **fiscalizar as decisões da diretoria executiva**.

1.7.10 Conselho fiscal

O **conselho fiscal** tem como atribuição **fiscalizar os atos da diretoria executiva**. É composto por um grupo de três a cinco membros, que devem atuar com zelo e cuidado, pois poderão responder por eventuais danos quando não cumprirem adequadamente com seu dever.

1.8 Transformação das sociedades

As transformações societárias são as **modificações** propostas pela gestão das sociedades que visam atingir os mais diversos objetivos, como ganhos de escala, planejamento sucessório e economia tributária, entre outros. A seguir, expomos os tipos mais comuns.

1.8.1 Incorporação

Incorporação é a **absorção do patrimônio de uma sociedade por outra**, que lhe sucede em todos os direitos e obrigações. É o que dispõe o art. 227 da Lei n. 6.404/1976: "A incorporação é a operação pela qual uma ou mais sociedades são absorvidas por outra, que lhes sucede em todos os direitos e obrigações" (Brasil, 1976b).

Na incorporação, **desaparece a sociedade incorporada**, cujo patrimônio passa a fazer parte do patrimônio da **incorporadora**.

Não haverá prejuízos aos acionistas da sociedade incorporada, mas estes poderão exercer o **direito de recesso**, ou seja, ter reembolsado seu capital e sair da sociedade.

1.8.2 Fusão

A **fusão** compreende a **união de duas ou mais sociedades**, as quais formarão uma nova, que lhes sucederá em todos os direitos e obrigações. O art. 228 da Lei n. 6.404/1976 assim se manifesta sobre a fusão: "A fusão é a operação pela qual se unem duas ou mais sociedades para formar sociedade nova, que lhes sucederá em todos os direitos e obrigações" (Brasil, 1976b).

Na operação de fusão, **são extintas as empresas fusionadas**, passando a existir a **nova sociedade** criada para esse fim.

1.8.3 Cisão

O art. 229 da Lei n. 6.404/1976 define que:

> Art. 229. A cisão é a operação pela qual a companhia transfere parcelas do seu patrimônio para uma ou mais sociedades, constituídas para esse fim ou já existentes, extinguindo-se a companhia cindida, se houver versão de todo o seu patrimônio, ou dividindo-se o seu capital, se parcial a versão. (Brasil, 1976b)

Assim, na **cisão parcial** ocorrerá a separação de parte de um patrimônio para a criação de uma nova sociedade; no caso da **cisão total**, o patrimônio cindido será totalmente absorvido por duas ou mais sociedades. Essas sociedades que incorporarão o patrimônio cindido poderão existir ou ser criadas para o fim de absorverem tal patrimônio.

1.9 Formas de tributação sobre o resultado

No Brasil, o **resultado empresarial positivo** (lucro) é tributado por quatro métodos diferentes: 1) lucro real; 2) lucro presumido; 3) lucro arbitrado; e 4) Simples Nacional. Desses quatro regimes de tributação do lucro, apenas o **lucro real** exige a contabilidade como base para cálculo dos valores de Imposto de Renda (IR) e contribuições sociais a pagar.

1.9.1 Sistemática do lucro real

O Código Tributário Nacional (CTN) – Lei n. 5.172, de 25 de outubro de 1966 –, em seu art. 44, ao disciplinar o Imposto sobre a Renda e Proventos de Qualquer Natureza, estabelece que: "a base de cálculo do imposto é o montante, real, arbitrado ou presumido, da renda ou dos proventos tributábeis" (Brasil, 1966). O Regulamento do Imposto de Renda (RIR/2018) – estabelecido pelo Decreto n. 9.580, de 22 de novembro de 2018 –, em seu art. 210, dispõe que o imposto será determinado com base no lucro real, presumido ou arbitrado, o que poderá ocorrer por períodos trimestrais, encerrados em 31 de março, 30 de junho, 30 de setembro e 31 de dezembro de cada exercício financeiro (Brasil, 1999a). A sistemática do **lucro real** exige que se apure o **lucro tributável**, sendo deste sinônimo, que se diferencia do lucro líquido contábil.

É a partir do **lucro líquido do exercício** – um conceito econômico – que se apura o **lucro tributável**, sendo este, portanto, um conceito de lucro ajustado para fins fiscais. A legislação relativa ao IR (RIR/2018) determina que se realizem ajustes no lucro líquido do exercício, para efeito de apuração do lucro real. É o que expressa o art. 260 do RIR, quando estabelece taxativamente que, na determinação do lucro real, serão adicionados ao lucro líquido do exercício:

> Art. 260. [...]
> I – os custos, despesas, encargos, perdas, provisões, participações e quaisquer outros valores deduzidos na apuração do lucro líquido que, de acordo com o Decreto, não sejam dedutíveis na determinação do lucro real;
> II – os resultados, rendimentos, receitas e quaisquer outros valores não incluídos na apuração do lucro líquido que, de acordo com o Decreto, devam ser computados na determinação do lucro real. (Brasil, 2018)

Esses ajustes são compreendidos por **receitas não tributáveis** e **despesas não dedutíveis**. A indedutibilidade da despesa implica que esta não será utilizada para compor o lucro tributável do período. As despesas consideradas *operacionais* são, em regra, dedutíveis. O Decreto n. 9.580/2018 estabece que:

> Art. 311. São operacionais as despesas não computadas nos custos, necessárias à atividade da empresa e à manutenção da respectiva fonte produtora (Lei n. 4.506, de 1964, art. 47).
> §1º São necessárias as despesas pagas ou incorridas para a realização das transações ou operações exigidas pela atividade da empresa (Lei n. 4.506, de 1964, art. 47, §1º).

§2º As despesas operacionais admitidas são as usuais ou normais no tipo de transações, operações ou atividades da empresa (Lei n. 4.506, de 1964, art. 47, §2º).

§3º O disposto neste artigo aplica-se também às gratificações pagas aos empregados, seja qual for a designação que tiverem. (Brasil, 2018)

Destacamos nesse conceito legal que a **despesa** será **dedutível** quando for considerada **normal** e **necessária** para a manutenção da atividade da empresa. Deverá, igualmente, já ter sido **incorrida**, ou seja, os recursos já devem ter sido consumidos, esgotando-se seus benefícios à entidade. Caso os recursos ainda estejam classificados no ativo à espera de utilização futura, a despesa não será dedutível. Com base nisso é que, via de regra, as despesas com provisões não são dedutíveis, pois a empresa é que determina o seu montante e o recurso que materializa a provisão ainda não foi consumido. Tomemos como exemplo a **provisão para créditos de liquidação duvidosa** (PCLD), que não é considerada como despesa dedutível pelo fato de que as perdas e os créditos com clientes que fundamentam a provisão ainda não ocorreram. Porém, devemos ressalvar que as provisões para **férias** (RIR/99, art. 337) e décimo-terceiro salário (RIR/99, art. 338) são dedutíveis.

Andrade Filho (2018, p. 151) entende que, quando a legislação se refere à **normalidade** como requisito para **dedutibilidade**, devemos entendê-la sob os aspectos **qualitativo** e **quantitativo**. No entendimento do autor, o gasto normal é aquele que guarda relação intrínseca com as atividades ditas *corriqueiras* da empresa. **Quantitativamente**, a normalidade pode ser entendida como a **relação** existente entre o **valor** atribuído à despesa e os **benefícios** auferidos pela entidade quando do consumo dos recursos.

De acordo com a Lei n. 8.981, de 20 de janeiro de 1995, as **receitas não tributáveis**, que não integrarão a base de cálculo do IR, são:

I. os rendimentos e ganhos líquidos produzidos por aplicações financeiras de renda fixa e variável, inclusive:

   a) a diferença positiva entre o valor do resgate, líquido do IOF, e o valor de aquisição de quotas de fundos de investimento, clube de investimento e outros da espécie de renda fixa;

   b) o rendimento auferido em operações de mútuo e de compra vinculada à revenda, no mercado secundário, tendo por objeto ouro, ativo financeiro;

   c) o rendimento auferido no resgate de quotas de fundo de investimento, clube de investimento e outros fundos da espécie renda variável;

   d) os rendimentos auferidos em operações de *swap*;

II. as recuperações de créditos que não representem ingressos de novas receitas;

III. a reversão de saldo de provisões anteriormente constituídas;

IV. os lucros e dividendos decorrentes de participações societárias avaliadas pelo custo de aquisição e a contrapartida do ajuste por aumento do valor de investimentos avaliados pelo método da equivalência patrimonial;

V. os juros sobre o capital próprio auferidos. (Elaborado com base em Brasil, 1995a)

No entanto, serão acrescidos à base de cálculo, no mês em que forem auferidos, os **ganhos de capital**, as **demais receitas** e os **resultados positivos** decorrentes de receitas não compreendidas na atividade – Lei 8.981/1995, art. 32; Lei 9.430, de 27 de dezembro de 1996, art. 2º (Brasil, 1996b); RIR/2018, art. 225) –, incluindo-se:

   I. Os rendimentos auferidos nas operações de mútuo realizadas entre pessoas jurídicas controladoras, controladas, coligadas e interligadas.

II. os ganhos auferidos alienação de participações societárias permanentes em sociedades coligadas e controladas, e de participações societárias que permanecerem no ativo da pessoa jurídica até o término do ano-calendário seguinte aos de suas aquisições;

III. Os ganhos auferidos em operações de cobertura (*hedge*) realizadas em bolsas de valores, de mercadorias e de futuros ou no mercado de balcão;

IV. a receita de locação de imóvel, quando este não for o objeto social da pessoa jurídica, deduzida dos encargos necessários à sua percepção;

V. os juros equivalentes à taxa Selic, para titulos federais, acumulada mensalmente, relativos a impostos e contribuições a serem restituídos ou compensados;

VI. as variações monetárias ativas;

VII. a diferença entre o valor em dinheiro ou o valor dos bens e direitos recebidos de instituição isenta, a título de devolução de patrimônio, e o valor em dinheiro ou o valor de bens e direitos entregue para a formação do referido patrimônio. (Elaborado com base em Brasil, 1995a)

1.10 Pessoas jurídicas obrigadas a optar pelo lucro real

São obrigados a utilizar a sistemática do lucro real, conforme o art. 14 da Lei n. 9.718, de 27 de novembro de 1998, as pessoas jurídicas:

> Art. 14 [...]
> I – cuja receita total, no ano-calendário anterior seja superior ao limite de R$ 78.000.000,00 (setenta e oito milhões de reais), ou proporcional ao número de meses do período, quando inferior a 12 (doze) meses; (Redação dada pela Lei n. 12.814, de 2013)

II – cujas atividades sejam de bancos comerciais, bancos de investimentos, bancos de desenvolvimento, caixas econômicas, sociedades de crédito, financiamento e investimento, sociedades de crédito imobiliário, sociedades corretoras de títulos, valores mobiliários e câmbio, distribuidoras de títulos e valores mobiliários, empresas de arrendamento mercantil, cooperativas de crédito, empresas de seguros privados e de capitalização e entidades de previdência privada aberta;

III – que tiverem lucros, rendimentos ou ganhos de capital oriundos do exterior;

IV – que, autorizadas pela legislação tributária, usufruam de benefícios fiscais relativos à isenção ou redução do imposto;

V – que, no decorrer do ano-calendário, tenham efetuado pagamento mensal pelo regime de estimativa, na forma do art. 2º da Lei n. 9.430, de 1996;

VI – que explorem as atividades de prestação cumulativa e contínua de serviços de assessoria creditícia, mercadológica, gestão de crédito, seleção e riscos, administração de contas a pagar e a receber, compras de direitos creditórios resultantes de vendas mercantis a prazo ou de prestação de serviços (*factoring*). (Brasil, 1998)VII - que explorem as atividades de securitização de créditos imobiliários, financeiros e do agronegócio (Lei nº 9.718, de 1998, art. 14, caput, inciso VII – ;

VIII – que tenham sido constituídas como sociedades de propósito específico, formadas por microempresas e empresas de pequeno porte, observado o disposto no art. 56 da Lei Complementar nº 123, de 2006 (Lei Complementar nº 123, de 2006, art. 56, § 2º, inciso IV);

O contribuinte poderá optar pelo pagamento do IR com base em duas modalidades possíveis, conforme o quadro exposto a seguir.

Quadro 1.1 – Modalidades de pagamento do Imposto de Renda (IR)

Apuração	Recolhimento	Obrigatoriedade contábil
Trimestral – definitivo	Pagamentos trimestrais	Fechamento trimestral
Por estimativa	Pagamentos mensais	Fechamento anual

O art. 35 da Lei n. 8.981/1995 permite, às empresas que optarem pelo lucro real por estimativa, suspender ou reduzir o pagamento do imposto devido em cada mês, desde que demonstrem em balanços ou balancetes mensais que o valor acumulado já pago excede o valor do imposto, inclusive o adicional, calculado com base no lucro real do período em curso. Porém, os balanços ou balancetes de que trata o artigo que mencionamos:

a) deverão ser levantados de acordo com as leis comerciais e fiscais e transcritos no livro diário;

b) somente produzirão efeitos para determinação da parcela do IR e da Contribuição Social sobre o Lucro Devido no decorrer do ano-calendário.

A estimativa será realizada com base na tabela a seguir.

Tabela 1.1 – Percentuais para cálculo de lucro estimado

Atividades	Percentuais aplicáveis sobre a receita
Revenda para consumo de combustíveis derivados de petróleo, álcool etílico, carburante e gás natural	1,6%
Venda de mercadorias ou produtos, exceto revenda de combustíveis para consumo	8%
Prestação de serviços de transporte de cargas	8%
Prestação de demais serviços de transportes	16%
Prestação de demais serviços em geral, para os quais não esteja previsto percentual específico	32%
Prestação de serviços em geral por empresas com receita bruta anual não superior a R$ 120.000,00 (cento e vinte mil reais), exceto serviços hospitalares, de transporte e de profissões regulamentadas	16%
Instituições financeiras e entidades a elas equiparadas	16%

Fonte: Elaborado com base em Brasil, 1995a.

Os contribuintes que exploram atividades diversas deverão apurar a base de cálculo e aplicar o percentual sobre as receitas brutas de cada uma dessas atividades separadamente.

É importante destacarmos que o conceito de *receita bruta* compreende: a) as vendas de mercadorias e produtos; e b) o valor dos serviços prestados. Também devem ser acrescidos às respectivas receitas brutas os **ganhos de capital, demais receitas e resultados positivos**, excetuados os rendimentos ou ganhos já tributados, a título de aplicações financeiras.

No entanto, serão **excluídos das receitas brutas** os valores relativos a:

a) Imposto sobre Produtos Industrializados (IPI) incidente sobre as vendas e o Imposto sobre a Circulação de Mercadorias (ICMS), devido pelo contribuinte substituto, no regime de substituição tributária;

b) vendas que foram canceladas e as respectivas devoluções de vendas;

c) descontos concedidos incondicionalmente, que já constam na nota fiscal e, portanto, não estão sujeitos a nenhuma condição para serem efetivados.

Tomemos o seguinte exemplo: a Companhia Alfa, uma empresa fictícia, utiliza a sistemática do lucro real, tendo optado pelo recolhimento mensal por estimativa e pela posterior apuração do lucro real anual.

A seguir, demonstramos suas receitas:

Tabela 1.2 – Receitas auferidas no período

Evento	Valor das vendas (R$)	Valor de serviços (R$)
Receitas brutas	**500.000**	**60.000**
Deduções das receitas brutas		
Imposto sobre Produtos Industrializados	50.000	
Imposto sobre Circulação de Mercadorias	81.000	
Imposto sobre Serviços		3.000
Vendas canceladas e devoluções	15.000	
Descontos incondicionais	4.000	

(continua)

(Tabela 1.2 – conclusão)

Evento	Valor das vendas (R$)	Valor de serviços (R$)
Total das deduções	150.000	3.000
Receitas líquidas	**350.000**	**57.000**
Ganhos de capital no mês		
Lucro na venda de ativo imobilizado	30.000	
Receita com locação de imóveis	2.000	
Rendimentos auferidos nas operações de mútuo com coligadas	6.000	
Total de ganhos de capital	**38.000**	
Imposto de Renda retido na fonte sobre ganhos de capital	50	

FONTE: Elaborado com base em Oliveira et al., 2004, p. 183.

Tabela 1.3 – Quadro demonstrativo da apuração da base de cálculo do Imposto de Renda por estimativa

Evento	Valor das vendas (R$)	Valor de serviços (R$)
Receitas brutas	**500.000**	**60.000**
Deduções das receitas brutas		
Imposto sobre Produtos Industrializados	50.000	
Vendas canceladas e devoluções	15.000	
Descontos incondicionais	4.000	
Total das deduções	69.000	
Receitas líquidas para efeito de apuração da base de cálculo	**431.000**	**60.000**
Aplicação do percentual sobre a receita bruta	8%	32%
Lucro estimado	34.480	19.200
Total do lucro estimado (vendas mais serviços)	53.680	
Acréscimos dos ganhos de capital	38.000	
Base de cálculo do imposto mensal	**91.680**	

(continua)

(Tabela 1.3 – conclusão)

Evento	Valor das vendas (R$)	Valor de serviços (R$)
Cálculo do imposto devido no mês por estimativa	50	
Alíquota normal = 15% de R$ 91.680	13.752	
Cálculo do adicional de 10%[1]	7.168	
Imposto de Renda devido	20.920	
Dedução do Imposto de Renda retido na fonte sobre ganhos de capital	50	
Imposto de Renda a recolher por estimativa no mês	20.870	

Fonte: Elaborado com base em Oliveira et al., 2004, p. 186.

1.11 Sistemática do lucro presumido

O **lucro presumido** é uma forma de apuração do IR e da Contribuição Social sobre o Lucro das Empresas que visa facilitar a apuração desses tributos para recolhimento definitivo. A fundamentação legal desse regime de tributação do lucro das empresas se encontra nos arts. 587 a 601 do Decreto n. 9.580/2018 (RIR/2018). Para Fabretti (2015, p. 202), o lucro presumido é uma alternativa para as empresas até o limite da receita bruta total estabelecido em lei. De acordo com esse renomado tributarista, as empresas, em vez da apuração pelo lucro real, ou seja, da escrituração contábil, podem **presumir esse lucro** (Fabretti, 2015).

O imposto com base no lucro presumido será determinado somente por períodos de apuração trimestrais, encerrados nos dias 31 de março, 30 de junho, 30 de setembro e 31 de dezembro de cada ano-calendário, observado o disposto nos arts. 1º e 25 da Lei n. 9.430/1996. Com a utilização da sistemática do lucro presumido, temos uma redução na complexidade

[1] O art. 228, parágrafo único, do Decreto n. 3.000/1999 estabelece que a parcela da base de cálculo, apurada mensalmente, que exceder a R$ 20.000,00 (vinte mil reais) ficará sujeita à incidência de adicional do imposto à alíquota de 10% (dez por cento) (Lei n. 9.430, de 1996, art. 2º, §2º).

para apurar o IR e a Contribuição Social sobre o Lucro das Empresas. Devemos ressaltar que a opção de tributação pelo lucro presumido será definitiva para todo o ano-calendário e manifestada com o pagamento da primeira quota do imposto devido, correspondente ao primeiro período de apuração de cada ano-calendário (Lei 9.430/1996, art. 26, §1º). Diz a Lei n. 9.718/1998, em seu art. 13, parágrafo 1º:

> Art. 13. A pessoa jurídica cuja receita bruta total, no ano-calendário anterior, tenha sido igual ou inferior a R$ 78.000.000,00 (setenta e oito milhões de reais), ou a R$ 6.500.000,00 (seis milhões e quinhentos mil reais) multiplicados pelo número de meses de atividade do ano-calendário anterior, quando inferior a 12 (doze) meses, poderá optar pelo regime de tributação com base no lucro presumido. (redação dada pela Lei n. 12.814 de 2013).
>
> §1º A opção pela tributação com base no lucro presumido será definitiva em relação a todo o ano-calendário.
>
> §2º Relativamente aos limites estabelecidos neste artigo, a receita bruta auferida no ano anterior será considerada segundo o regime de competência ou caixa, observado o critério adotado pela pessoa jurídica, caso tenha, naquele ano, optado pela tributação com base no lucro presumido. (Brasil, 1998)

O segundo parágrafo desse artigo oferece mais uma opção para o contribuinte, qual seja: **escolher o regime de competência ou caixa** para escriturar a receita bruta que será utilizada como base para presunção do IR e da Contribuição Social.

O contribuinte realizará a presunção do lucro por meio da utilização dos percentuais conforme a tabela dada a seguir e sobre o resultado obtido aplicará o percentual de 15% (quinze por cento), relativo ao IR; por outro lado, sobre a parcela mensal do lucro que exceder a R$ 20.000,00 (vinte mil reais), será recolhido o percentual de 10% (dez por cento).

Tabela 1.4 – Percentuais para presunção de lucro

Atividades	Percentuais aplicáveis sobre a receita
Revenda para consumo de combustíveis derivados de petróleo, álcool etílico, carburante e gás natural	1,6%
Venda de mercadorias ou produtos, exceto revenda de combustíveis para consumo	8%
Prestação de serviços de transporte de cargas	8%
Prestação de demais serviços de transportes	16%
Prestação de demais serviços em geral, para os quais não esteja previsto percentual específico	32%
Prestação de serviços em geral por empresas com receita bruta anual não superior a R$ 120.000,00 (cento e vinte mil reais), exceto serviços hospitalares, de transporte e de profissões regulamentadas	16%

FONTE: Elaborado com base em Brasil, 1995b.

A base de cálculo do imposto e do adicional, para efeitos de lucro presumido, será o resultado da aplicação dos percentuais de presunção, relativamente a cada atividade, como demonstramos na tabela anterior, acrescido dos seguintes valores:

a) os ganhos de capital, os rendimentos e os ganhos líquidos auferidos em aplicações financeiras de renda fixa e variável;

b) as variações monetárias ativas;

c) todos os demais resultados positivos obtidos pela empresa, incluindo-se o valor relativo ao recebimento de juros sobre o capital próprio;

d) descontos financeiros obtidos e juros ativos;

e) rendimentos sobre operações de mútuo realizadas com entidades ligadas;

f) ganhos auferidos em operações de *hedge*;

g) receita de locação de imóveis, desde que esta não seja a atividade principal da pessoa jurídica;

h) juros equivalentes à taxa Selic, para títulos federais, acumulada mensalmente, relativos a impostos e contribuições a serem restituídos ou compensados;

i) multas e outras vantagens oriundas de rescisões contratuais;

j) valores recuperados correspondentes a custos e despesas, inclusive com perdas no recebimento de créditos, salvo se o contribuinte comprovar não os ter deduzido em período anterior, para o qual tenha utilizado o regime do lucro real.

1.12 Sistemática do lucro arbitrado

O **arbitramento do lucro** é uma forma de apuração da base de cálculo do imposto, por iniciativa do contribuinte ou por determinação da autoridade tributária. A fundamentação legal do lucro arbitrado se encontra nas Leis n. 8.981/1995, art. 47, e o Decreto n. 9.580/2018, art. 603. Esses dispositivos legais determinam que o arbitramento do lucro se dará quando:

> Art. 530 [...]
> I – o contribuinte, obrigado à tributação com base no lucro real, não mantiver escrituração na forma das leis comerciais e fiscais, ou deixar de elaborar as demonstrações financeiras exigidas pela legislação fiscal;
> II – a escrituração a que estiver obrigado o contribuinte revelar evidentes indícios de fraudes ou contiver vícios, erros ou deficiências que a tornem imprestável para:
> a) identificar a efetiva movimentação financeira, inclusive bancária; ou
> b) para se determinar o lucro real;

III – o contribuinte deixar de apresentar à autoridade tributária os livros e documentos da escrituração comercial e fiscal, ou o Livro Caixa; na hipótese do parágrafo único do art. 527;

IV – o contribuinte optar indevidamente pela tributação com base no lucro presumido;

V – o comissário ou representante da pessoa jurídica estrangeira deixar de escriturar e apurar o lucro de sua atividade separadamente do lucro do comitente residente ou domiciliado no exterior (art. 468);

VI – o contribuinte não mantiver, em boa ordem e segundo as normas contábeis recomendadas, Livro Razão ou fichas utilizados para resumir e totalizar, por conta ou subconta, os lançamentos efetuados no livro Diário. (Brasil, 2018)

O contribuinte poderá optar pelo lucro arbitrado quando a receita bruta for conhecida e ocorrer alguma das situações que descrevemos anteriormente.

Em regra, os percentuais utilizados para arbitramento do lucro serão aqueles do lucro presumido acrescidos de 20% (vinte por cento), conforme mostra tabela a seguir.

Tabela 1.5 – Percentuais de arbitramento do lucro

Atividades	Percentuais aplicáveis sobre a receita
Revenda para consumo de combustíveis derivados de petróleo, álcool etílico, carburante e gás natural	1,92%
Venda de mercadorias ou produtos, exceto revenda de combustíveis para consumo	9,6%
Prestação de serviços de transporte de cargas	9,6%
Prestação de demais serviços de transportes	19,2%
Prestação de demais serviços em geral, para os quais não esteja previsto percentual específico	38,4%
Prestação de serviços em geral por empresas com receita bruta anual não superior a R$ 120.000,00 (cento e vinte mil reais), exceto serviços hospitalares, de transporte e de profissões regulamentadas	19,6%
Instituições financeiras e entidades a elas equiparadas	45%
Factoring	38,4%

Fonte: Elaborado com base em Brasil, 1995b.

O adicional também será devido no caso do lucro arbitrado sobre o valor do lucro que exceder a R$ 60.000,00 (sessenta mil reais) no trimestre, ou seja, R$ 20.000,00 (vinte mil reais) por mês.

Alternativamente, poderá o Fisco adotar outros critérios para o arbitramento, caso a receita bruta não seja conhecida, como vemos no art. 608 do Decreto n. 9.580/2018, que trata do RIR no Brasil:

> Art. 608. O lucro arbitrado, quando não conhecida a receita bruta, será determinado através de procedimento de ofício, mediante a utilização de uma das seguintes alternativas de cálculo (Lei n. 8.981, de 1995, art. 51):
> I – um inteiro e cinco décimos do lucro real referente ao último período em que a pessoa jurídica manteve escrituração de acordo com as leis comerciais e fiscais;
> II – quatro centésimos da soma dos valores do ativo circulante, realizável a longo prazo e permanente, existentes no último balanço patrimonial conhecido;
> III – sete centésimos do valor do capital, inclusive a sua correção monetária contabilizada como reserva de capital, constante do último balanço patrimonial conhecido ou registrado nos atos de constituição ou alteração da sociedade;
> IV – cinco centésimos do valor do patrimônio líquido constante do último balanço patrimonial conhecido;
> V – quatro décimos do valor das compras de mercadorias efetuadas no mês;
> VI – quatro décimos da soma, em cada mês, dos valores da folha de pagamento dos empregados e das compras de matérias-primas, produtos intermediários e materiais de embalagem;
> VII – oito décimos da soma dos valores devidos no mês a empregados;
> VIII – nove décimos do valor mensal do aluguel devido. (Brasil, 2018)

Figura 1.4 – Brasil: Decreto n. 9.580/2018

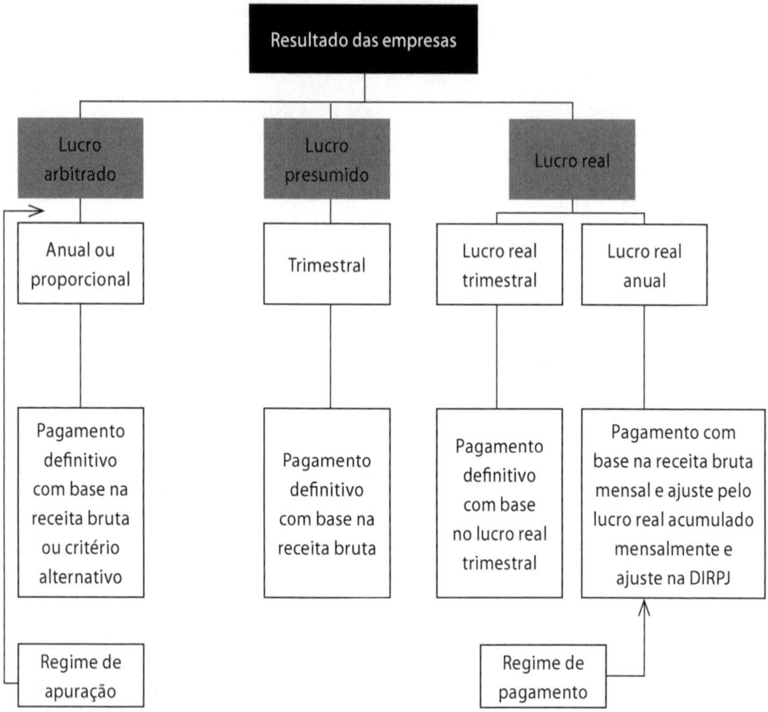

```
                        Resultado das empresas
         ┌──────────────────────┼──────────────────────┐
    Lucro                  Lucro                  Lucro real
   arbitrado              presumido
         │                      │              ┌───────┴───────┐
    Anual ou              Trimestral        Lucro real     Lucro real
   proporcional                             trimestral       anual

   Pagamento              Pagamento         Pagamento      Pagamento com
   definitivo             definitivo        definitivo     base na receita bruta
   com base na            com base na       com base       mensal e ajuste pelo
   receita bruta          receita bruta     no lucro real  lucro real acumulado
   ou critério                              trimestral     mensalmente e
   alternativo                                             ajuste na DIRPJ

   Regime de                                Regime de
   apuração                                 pagamento
```

Fonte: Oliveira et al., 2004, p. 177.

1.13 Contribuição Social sobre o Lucro Líquido (CSLL)

A Contribuição Social sobre o Lucro Líquido (CSLL) foi instituída pela Lei n. 7.689, de 15 de dezembro de 1988 (Brasil, 1988) e, a princípio, sua base de cálculo seria apurada de forma idêntica à do lucro real, como dispunha o art. 57 da Lei n. 8.981/1995:

> Art. 57. Aplicam-se à contribuição social sobre o lucro, Lei n. 7.689 de 1988, as mesmas normas de apuração e de pagamento estabelecidas para o imposto de renda das pessoas

jurídicas, mantidas a base de cálculo e as alíquotas previstas na legislação em vigor, com as alterações introduzidas por esta lei. (Brasil, 1995a)

Entretanto, a Lei n. 9.779, de 19 de janeiro de 1999, no seu art. 14, modificou a base de cálculo da CSLL, como podemos verificar:

Art. 14. As despesas financeiras relativas a empréstimos ou financiamentos e os juros remuneratórios do capital próprio a que se refere o art. 9º da Lei n. 9.249/95, não são dedutíveis para efeito de determinação da base de cálculo da contribuição social sobre o lucro líquido. (Brasil, 1999b)

A alíquota da CSLL é de 9% (nove por cento) sobre a base de cálculo das pessoas jurídicas, com exceção das instituições financeiras, cuja alíquota é de 8% (oito por cento). Tais instituições compreendem bancos comerciais, bancos de desenvolvimento, bancos de investimentos, caixas econômicas, sociedades de crédito imobiliário, sociedades de crédito, financiamento e investimento, sociedades corretoras de títulos e valores mobiliários, sociedades distribuidoras de títulos e valores mobiliários, cooperativas de crédito, empresas de seguros privados e de capitalização, agentes autônomos de seguros privados e de crédito, sociedades corretoras de seguros, entidades de previdência privada, abertas e fechadas e empresas de arrendamento mercantil.

As pessoas jurídicas tributadas pelo lucro real deverão calcular a CSLL utilizando a seguinte metodologia:

- **Base inicial** – O lucro contábil, antes da provisão para o IR e para a CSLL, ajustado por:
  - **Inclusões** – ou adições ao lucro contábil:
    - resultado negativo da equivalência patrimonial;

- valor da reserva de reavaliação baixado durante o período-base, desde que a contrapartida não tenha sido o resultado do período;
- valor das provisões não dedutíveis na determinação do lucro real;
- despesas não dedutíveis mencionadas no art. 13 da Lei n. 9.249/1995;
- lucros, rendimentos e ganhos de capital auferidos no exterior;
- valor dos lucros distribuidos disfarçadamente, conforme consta no art. 60 da Lei n. 9.532, de 10 de dezembro de 1997 (Brasil, 1997).

- **Exclusões** – ou deduções do lucro contábil:
  - receita de equivalência patrimonial;
  - lucros e dividendos recebidos de investimentos avaliados ao custo de aquisição, se foram registrados como receitas;
  - valor de provisões não dedutíveis adicionadas no exercício anterior e que foram baixadas durante o período-base;
  - participações no resultado atribuídas a debenturistas, empregados, administradores ou contribuições para instituições, ou fundos de assistência, ou previdência de empregados.

Se a opção do contribuinte for o pagamento mensal por estimativa, deverá ser utilizado um percentual de presunção com a alíquota de 12% (doze por cento).

Síntese

A contabilidade é uma ciência que procura, por meio de técnicas específicas, informar a seus usuários a situação financeira das entidades em geral. A atividade comercial necessita de inúmeras informações para assegurar sua eficiência e eficácia, as quais provêm do sistema contábil. É necessário destacar, porém, que o sucesso empresarial tem início na escolha do tipo societário que formalizará a atividade econômica. O trabalho do contador se inicia pela orientação segura ao empreendedor acerca do tipo societário – se sociedade limitada ou anônima, por exemplo – que melhor atenderá aos seus interesses legítimos, bem como sobre a sistemática de tributação do resultado que será utilizada.

É claro que essas opções poderão ser alteradas no decorrer do tempo, mas é imprescindível um planejamento societário e tributário inicial. Esse papel da contabilidade comercial não é secundário; pelo contrário, é de suma importância para um início prodigioso de qualquer empreendimento.

O profissional envolvido com o estudo e a aplicação da contabilidade comercial deve conhecer a legislação societária, representada fundamentalmente pela Lei n. 6.404/1976, e a legislação tributária, pois, dessa forma, poderá acompanhar e analisar o empreendimento, oferecendo uma orientação segura aos investidores.

Questões para revisão

1. O que diferencia essencialmente uma atividade empresária de uma não empresária?
2. O que é a sistemática de tributação do resultado denominada *lucro real*?

3. Quais as condições que a legislação estabelece para autorizar a dedutibilidade de uma despesa?

4. A inscrição do contrato social no órgão competente confere capacidade jurídica às sociedades, **exceto** à:

   a) sociedade em comum.
   b) sociedade simples.
   c) sociedade em nome coletivo.
   d) sociedade em conta de participação.

5. A possibilidade de suspender ou reduzir o pagamento do imposto devido em cada mês, desde que demonstre em balanços ou balancetes mensais que o valor acumulado já pago excede o valor do imposto calculado no período em curso, pode ser utilizada:

   a) pelas empresas tributadas pelo lucro presumido e lucro arbitrado, com pagamento trimestral.
   b) apenas pelas empresas tributadas pelo lucro real, que efetuam pagamento por estimativa.
   c) por todas as empresas.
   d) apenas pelas empresas tributadas pelo lucro presumido.

Saiba mais

Os leitores interessados em aprofundar os estudos sobre conceitos de contabilidade devem consultar:

FABRETTI, L. C. **Contabilidade tributária**. 15. ed. São Paulo: Atlas, 2015.

IUDÍCIBUS, S. DE; MARION, J. C. **Contabilidade comercial**. 11. ed. São Paulo: Atlas, 2019.

RAMOS, A. L. S. C. **Direito empresarial esquematizado**. São Paulo: Método, 2011.

Exercícios resolvidos

1. As pessoas jurídicas optantes pelo lucro presumido estão sujeitas ao cumprimento das seguintes obrigações acessórias:

    I. Manutenção de escrituração, nos termos da legislação comercial, ou, opcionalmente, escrituração do livro caixa, no qual deve ser escriturada toda a movimentação financeira ocorrida no decorrer do ano-calendário, inclusive a bancária.

    II. Escrituração do livro registro de inventário, no qual devem constar os estoques existentes no término do ano-calendário.

    III. Apresentação anual da Declaração de Informações Econômico-fiscais (DIPJ)

    a) Somente a afirmativa I está correta.
    b) Somente as afirmativas I e II estão corretas.
    c) Todas as afirmativas estão corretas.
    d) Somente a afirmativa III está correta.

    Resposta: alternativa *c*.

2. Conceitua-se o *lucro real* como sendo:

    a) o lucro líquido do exercício, antes da provisão para o Imposto de Renda, diminuídas as receitas não dedutíveis e somadas as despesas não tributáveis e os prejuízos fiscais.

    b) o lucro (ou prejuízo) líquido do período de apuração, antes da provisão para o Imposto de Renda, ajustado pelas adições, exclusões ou compensações prescritas ou autorizadas por lei.

    c) o faturamento, aplicando-se sobre este um determinado percentual, dependendo da natureza da receita operacional.

d) o lucro líquido do exercício ajustado, antes de considerar as participações dos administradores, partes beneficiárias e empregados.

Resposta: alternativa *b*.

3. Uma empresa tributada pelo lucro real apurou um prejuízo contábil antes da provisão para o Imposto de Renda, em 2012, de R$ 100.000,00. A empresa tem contabilizadas, no período, despesas não dedutíveis de R$ 150.000,00 e receitas não tributáveis de R$ 40.000,00. Possui, ainda, prejuízos fiscais a compensar de R$ 106.000,00. O lucro real ou o prejuízo fiscal dessa empresa foi:

   a) Prejuízo de R$ 96.000,00.
   b) Zero.
   c) Lucro de R$ 7.000,00.
   d) Lucro de R$ 100.000,00.

Resolução		
Prejuízo contábil		– R$ 100.000,00
Despesas não dedutíveis		R$ 150.000,00
Receitas não tributáveis		– R$ 40.000,00
Lucro real antes da compensação do prejuízo fiscal		R$ 10.000,00
Prejuízo fiscal	R$ 106.000,00	R$ 3.000,00
Lucro real após compensação		R$ 7.000,00

Resposta: alternativa *c*.

4. A sociedade por ações:

   a) pode ser simples ou empresária, dependendo do seu objeto social.
   b) não é simples e tampouco empresária; trata-se de um terceiro tipo societário *sui generis*, previsto em lei especial.
   c) independentemente de seu objeto, é sempre considerada empresária.

d) será sempre simples, com capital social dividido em ações e responsabilidade dos sócios limitada ao preço de sua emissão.

Resposta: alternativa **c**.

5. Quanto ao direito de empresa, assinale a alternativa correta:
   a) A obrigatoriedade de inscrição do empresário no Registro Público de Empresas Mercantis da respectiva sede somente se torna efetiva após o início de sua atividade.
   b) A lei assegurará tratamento favorecido, diferenciado e simplificado ao pequeno empresário, quanto à inscrição e aos efeitos daí decorrentes. Está excluído de tais benefícios o empresário rural.
   c) Considera-se *empresário* quem exerce profissionalmente atividade econômica organizada, para a produção ou a circulação de bens ou serviços.
   d) Faculta-se aos cônjuges contratar sociedade, entre si ou com terceiros, ainda que tenham se casado no regime da comunhão universal de bens ou no da separação obrigatória.

Resposta: alternativa **c**.

Perguntas & Respostas

Duas pessoas físicas se juntam para a formação de uma sociedade por ações e propõem o seguinte:

Valor da proposta de subscrição do capital social de R$ 1.000.000,00, dividido igualmente entre os sócios.

> Proposta de integralização:
> Sócio 1 – R$ 500.000,00 em moeda nacional.
> Sócio 2 – R$ 500.000,00 em mercadorias para revenda.

Em relação à proposta, é correto afirmar:

a) o capital social poderá ser formado com contribuições em dinheiro ou em qualquer espécie de bens suscetíveis de avaliação em dinheiro realizada por três peritos ou por empresa especializada, nomeados em assembleia geral dos subscritores.

b) o capital social poderá ser formado com contribuições em dinheiro ou em qualquer espécie de bens suscetíveis de avaliação em dinheiro realizada por dois auditores especializados, nomeados em assembleia geral dos subscritores e aprovados pelo conselho de administração.

c) o capital social poderá ser formado com contribuições em dinheiro ou somente em bens destinados ao imobilizado, suscetíveis de avaliação em dinheiro realizada por peritos, nomeados e aprovados pelo conselho de administração.

d) o capital social poderá ser formado somente com contribuições em dinheiro ou somente em bens destinados para revenda, suscetíveis de avaliação em dinheiro realizada por peritos, nomeados e aprovados pelo conselho de administração.

Resposta: alternativa *a*, conforme previsão expressa nos arts. 7º e 8º da Lei n. 6.404/1976

Consultando a legislação

Você poderá se aprofundar na legislação consultando as seguintes normas:

1. Decreto n. 9.580/2018 – Regulamento do Imposto de Renda (RIR) – especialmente o Livro II, que trata da tributação das pessoas jurídicas.
2. Lei n. 8.981, de 20 de janeiro de 1995.
3. Lei n. 9.430, de 27 de dezembro de 1996.
4. Lei n. 11.941, de 27 de maio de 2009.

5. Lei n. 10.406, de 10 de janeiro de 2002, o Código Civil, especialmente os arts. de 966 a 1.195, que tratam do direito de empresa.

6. Lei n. 6.404, de 15 de dezembro de 1976, especialmente o Capítulo XV, que trata do exercício social e das demonstrações financeiras.

7. Lei n. 12.973, de 13 de maio de 2014.

Escrituração contábil **2**

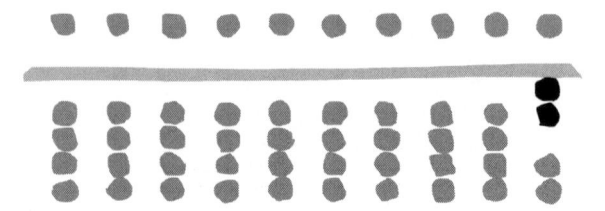

Conteúdos do capítulo

- Escrituração contábil.
- Operações com mercadorias.
- Noções sobre as operações contábeis mais comuns.

Após o estudo deste capítulo, você será capaz de:

1. dominar a técnica de escrituração contábil;
2. compreender as principais operações contábeis e seus reflexos nos relatórios contábeis;
3. entender o cálculo e a contabilização nas operações com mercadorias.

2.1 Operações contábeis mais comuns

Devido à relevância dos valores envolvidos e à relativa complexidade em sua definição, existem operações contábeis que merecem maior destaque de nossa parte, afinal, quando verificamos o impacto que as despesas de depreciação e o custo das mercadorias vendidas causam no resultado das entidades, é prudente utilizarmos critérios consistentes e objetivos no cálculo e na contabilização desses valores.

2.2 Controle de estoques

Os **estoques** representam um dos maiores investimentos realizados em relação ao total dos recursos investidos pelas organizações, tanto na atividade industrial quanto na comercial. Porém, após a venda, é necessário transferir o valor investido nesses ativos para o resultado do exercício, contabilizando-o como custo das unidades vendidas. O entendimento é relativamente simples, ou seja, até a baixa por venda, a empresa tem um investimento em determinado ativo, ao passo que, após a transferência desse ativo para o cliente, ela se desfaz dele e seu consumo pela venda deve ser reconhecido como custo no momento dessa transferência. O valor a ser atribuído aos itens baixados dependerá do critério utilizado para o controle contábil de entradas e saídas dos estoques ou de que tipo de inventário é utilizado.

2.3 Tipos de inventários

As empresas comerciais normalmente têm em seus estoques um alto valor de recursos investidos. Sendo assim, devemos dar especial atenção ao controle desses ativos. Denominamos *inventário* o **sistema que registra as entradas, as saídas e os respectivos saldos**, em quantidades físicas e monetárias.

2.3.1 Periódico

Neste tipo de inventário, a empresa não realiza registros a cada entrada e saída de itens do almoxarifado, mas deve efetuar um inventário do estoque e averiguar os saldos iniciais e finais para apurar o valor do custo das mercadorias vendidas, contemplando também o valor das compras efetuadas no período, de acordo com a seguinte fórmula:

> CMV (custo das mercadorias vendidas) =
> = EI (estoque inicial) + C (compras) − EF (estoque final)

Dessa forma, apuramos, primeiramente, o valor do **estoque inicial** – que era o estoque final do período anterior –, somando o valor das **compras efetuadas** no período – utilizando as notas fiscais de entrada. O resultado das **mercadorias disponíveis para venda** no período (mês, trimestre ou ano) se dá pela soma do valor do estoque inicial mais as compras. Desse valor, temos o valor das **unidades baixadas por venda** no período após a dedução do valor das mercadorias que ainda permanecem no estoque (**estoque final**).

Esse é um método pouco utilizado atualmente, uma vez que a maioria das empresas já tem sistemas integrados de controle de estoque que permite a elas conhecer o custo das unidades vendidas no momento da operação de venda realizada.

2.3.2 Permanente

Quanto ao **controle permanente** de estoque, as empresas têm um sistema que permite que elas verifiquem e controlem cada unidade adquirida e baixada do almoxarifado; se este estiver integrado à contabilidade será melhor, pois a cada movimentação ocorrida nos itens haverá a contabilização concomitante nas contas contábeis do ativo (estoque) e do resultado (custo das mercadorias vendidas).

2.4 Método de avaliação de estoques para unidades baixadas por venda

Com relação ao **valor atribuído às unidades adquiridas**, este será extraído das **notas fiscais de compras**. O problema ocorre com relação ao valor que será atribuído a cada unidade baixada, pois as empresas adquirem quantidades diferentes de cada item específico, em datas diversas e por valores diferentes. Nesses casos, podemos utilizar um dentre os vários métodos, os quais descrevemos a seguir.

2.4.1 Preço específico

Este método consiste em **valorar cada unidade adquirida para o estoque pelo preço efetivamente pago por cada item de um determinado produto**, mas ele somente poderá ser utilizado quando for possível realizar tal determinação do preço específico em cada unidade em estoque, mediante identificação física de tal bem. Um exemplo de atividade que pode utilizar esse método é a revenda de veículos, pois a quantidade, o valor e as próprias características da mercadoria ou do material assim o permitem. Nesse caso, o item que está sendo baixado é facilmente identificável, não sendo muito difícil determinar e/ou atribuir o valor do seu custo de entrada.

2.4.2 Primeiro que entra, primeiro que sai (Peps)

Por meio deste critério, o **valor de custo atribuído a cada unidade baixada será relativo ao das primeiras unidades adquiridas**. Aqui, o método não se refere à ordem física de baixa – ou seja, a unidade entregue ao cliente será aquela escolhida por ele –, mas sim ao valor que será **atribuído** às unidades baixadas. À medida que ocorrem as vendas ou o consumo, ocorre, concomitantemente, a baixa, que tem como referência o valor das primeiras compras efetivadas – o que faz com que o estoque seja sempre avaliado quanto aos custos das aquisições mais recentes.

A consequência da utilização desse critério é que o valor do estoque no balanço será o custo das últimas compras, o que, em uma economia com algum nível de inflação, tem o seguinte reflexo:

Quadro 2.1 – Reflexos contábeis do critério Peps

Custo das mercadorias vendidas	Menor
Estoque final	Maior
Lucro	Maior

2.4.3 Último que entra, primeiro que sai (Ueps)

Este critério é inverso ao Peps, uma vez que **a baixa dos estoques ocorrerá pelo valor das últimas unidades adquiridas**. Assim, concluímos que, em uma economia com algum nível de inflação, o custo das mercadorias vendidas será um valor maior do que o critério anterior, permanecendo no estoque o valor das primeiras unidades adquiridas. No Brasil, esse método não é aceito para efeitos fiscais, uma vez que a legislação do Imposto de Renda (IR) proíbe sua utilização por resultar em um lucro menor, o que não impede que seja realizado um controle paralelo por ele, para fins gerenciais.

Quadro 2.2 – Reflexos contábeis do critério Ueps

Custo das mercadorias vendidas	Maior
Estoque final	Menor
Lucro	Menor

2.4.4 Média ponderada móvel (MPM)

Com base nesse critério, o valor a ser atribuído às unidades baixadas do estoque será função de uma **média entre o saldo final em reais dividido pelo saldo físico de estoque**. No Brasil, esse método é o mais utilizado para a avaliação dos estoques, tendo em vista que ele evita o controle de custos por lotes de compras, como nos casos dos métodos Peps e Ueps. Contudo, é importante lembrarmos que se exige um cuidado maior no cálculo do custo médio a cada entrada de mercadorias.

2.4.5 Comparação entre os métodos

A escolha do melhor método a ser utilizado deve levar em consideração o **reflexo dos valores no custo das mercadorias vendidas e nos saldos finais**, como podemos observar na tabela a seguir.

Tabela 2.1 – Comparação entre os métodos de controle de estoque

Saldos finais	Peps (R$)	PMP (R$)	Ueps (R$)
Estoque final	210,00	207,50	140,00
CPV	730,00	732,50	800,00

2.5 Tratamento de impostos recuperáveis, devoluções, descontos e abatimentos sobre compras e vendas

As empresas comerciais, em regra, são contribuintes do Imposto sobre Circulação de Mercadorias e Serviços de Transporte Interestadual, Intermunicipal e de Comunição (ICMS). Nesses casos, ao adquirirem as mercadorias que serão revendidas, podem se utilizar do imposto pago na entrada para a redução do ICMS que será devido na venda. Dizemos **imposto recuperável** porque há "recuperação/creditamento" do valor incidente na compra ao deduzirmos seu valor na venda. Como é um crédito adquirido com as mercadorias, o valor do ICMS na compra não vai compor o custo da mercadoria, devendo ser **deduzido do valor da nota fiscal de entrada e contabilizado como direito no fisco estadual**. Como o valor já vem ressaltado na nota fiscal, não há dificuldade no seu destaque. Portanto, o valor do custo da mercadoria na entrada será líquido em relação ao ICMS.

Vamos a um exemplo: determinada empresa adquiriu, a prazo, no primeiro dia do mês de junho, 300 unidades de uma mercadoria, cujo valor total da nota fiscal é de R$ 5.000,00, sendo que o ICMS foi destacado no percentual de 18%, totalizando R$ 900,00.

Os lançamentos contábeis relativos a essa operação serão os seguintes:

Tabela 2.2 – Contabilização de uma operação de compra

Estoques (R$)	Fornecedores (R$)	ICMS a recuperar (R$)
4.100,00	5.000,00	900,00

Assim, destacamos o ICMS em uma conta do ativo circulante como um **direito** em relação ao Fisco estadual.

Após essa entrada, considerando que não havia saldo anterior, o controle de estoques ficará da seguinte forma:

Tabela 2.3 – Critério MPM

Dia	Entradas			Saídas			Saldo		
	Qtde.	C. unit. (R$)	Total (R$)	Qtde.	C. unit. (R$)	Total (R$)	Qtde.	C. unit. (R$)	Total (R$)
01/jun	300	13,6667	4.100,00				300	13,6667	4.100,00

Consideremos agora que, no dia seguinte, a empresa venda, à vista, 250 unidades dessa mercadoria por R$ 100,00 a unidade, obtendo uma receita por venda no valor de R$ 25.000,00. Os lançamentos relativos a essa operação da venda serão os seguintes[1]:

Tabela 2.4 – Contabilização de uma operação de venda

Receita de vendas (R$)	Caixa (R$)	Estoques (R$)		CMV (R$)
25.000,00	25.000,00	4.100,00	3.416,67	3.416,67
		683,33		

Cofins sobre vendas (R$)	PIS sobre vendas (R$)	ICMS sobre vendas (R$)	ICMS a recolher (R$)	
750,00	162,50	4.500,00		4.500,00

Cofins a recolher (R$)	PIS a recolher (R$)
750,00	162,50

A **ficha de estoques**, após a baixa das mercadorias que foram vendidas, informa o valor do **custo das mercadorias vendidas** (critério MPM) e o **saldo final do estoque**, que deverá coincidir com o saldo na conta contábil *estoques*.

Tabela 2.5 – MPM

Dia	Entradas			Saídas			Saldo		
	Qtde.	C. unit. (R$)	Total (R$)	Qtde.	C. unit. (R$)	Total (R$)	Qtde.	C. unit. (R$)	Total (R$)
01/jun	300	13,6667	4.100,00				300	13,6667	4.100,00
04/jun				250	13,6667	3.416,67	50	13,6667	683,33

---

1 Aqui temos um detalhe: as empresas comerciais também pagam duas contribuições sociais – o Programa de Integração Social (PIS, com alíquota de 0,65%) e a Contribuição para Financiamento da Seguridade Social (Cofins, com alíquota de 3%). Esses tributos incidem sobre o valor da receita bruta e somente são recuperáveis, ou seja, somente poderão ser creditados, por contribuintes que utilizem o sistema do lucro real para apuração do IRPF e da CSLL. Portanto, nesse exemplo, vamos partir do pressuposto de que o único tributo recuperável é o ICMS.

Com referência ao ICMS, considerando que essas sejam as únicas operações de compra e venda no mês, a empresa deverá recolher R$ 3.600,00: é a diferença entre o valor sobre as vendas e aquele relativo ao crédito nas compras – R$ 4.500,00 menos R$ 900,00.

As **devoluções**, tanto de vendas como de compras, influenciam o valor dos estoques e devem ser tratadas com bastante atenção, tanto na ficha quanto na sua contabilização.

Continuando com o mesmo exemplo, vamos imaginar que a empresa realiza a devolução de uma unidade comprada. Nesse caso, devemos tratar essa saída de estoque como um **ajuste das entradas**, pois na coluna *saídas* devem ser incluídas apenas as baixas que impactam no valor do CMV.

Vejamos na planilha:

Tabela 2.6 – Devolução de compra

Dia	Entradas			Saídas			Saldo		
	Qtde.	C. unit. (R$)	Total (R$)	Qtde.	C. unit. (R$)	Total (R$)	Qtde.	C. unit. (R$)	Total (R$)
01/jun	300	13,6667	4.100,00				300	13,6667	4.100,00
02/jun	−1	13,6667	(13,67)				50	13,6667	4.086,33

Ocorreu a baixa de uma unidade, mas esta foi lançada como um **ajuste** na coluna de entradas e o ICMS sobre a devolução deve, portanto, ser estornado. Contabilmente, temos:

Tabela 2.7 – Contabilização da devolução de compra

Estoques (R$)		Fornecedores (R$)		ICMS a recuperar (R$)	
4.100,00	13,67	16,67	5.000,00	900,00	3,00
Saldo: 4.086,33					

Vamos agora a uma **devolução de vendas**. O cliente, por alguma razão, devolveu cinco unidades de determinado produto. Nessa operação, embora envolva a receita de vendas, o lançamento a débito não será realizado na conta *receita*. O valor da receita bruta deverá sempre coincidir com o montante das notas fiscais de vendas emitidas no período. Para isso, devemos criar uma conta redutora da receita, denominada *devolução de vendas*. Os demais valores serão ajustados nas próprias contas dos lançamentos originais da operação de venda.

Vejamos pelo exemplo:

Tabela 2.8 – Devolução de vendas

Devolução de vendas (R$)		Caixa (R$)		Cofins sobre vendas (R$)	
500,00			500,00		15,00
ICMS sobre vendas (R$)		ICMS a recolher (R$)		Cofins a recolher (R$)	
	90,00	90,00		15,00	
PIS sobre vendas (R$)		PIS a recolher (R$)			
	3,25	3,25			

Na **ficha de controle de estoques**, embora tenha ocorrido uma entrada de cinco unidades, devemos lançá-la como ajuste na coluna de *saídas*, para que ocorra o devido acerto no valor do **custo da mercadoria vendida**. Obviamente, se as unidades foram devolvidas, anulando parte da receita, o custo dessas unidades deve ser ajustado também no controle de estoques.

Vejamos como fica o reflexo na ficha de estoques:

Tabela 2.9 – Reflexo da devolução de vendas no controle de estoques

Dia	Entradas			Saídas			Saldo		
	Qtde.	C. unit. (R$)	Total (R$)	Qtde.	C. unit. (R$)	Total (R$)	Qtde.	C. unit. (R$)	Total (R$)
01/jun	300	13,6667	4.100,00				300	13,6667	4.100,00
04/jun				250	13,6667	3.416,67	50	13,6667	683,33
06/jun				-5	13,6667	(68,33)	50	13,6667	751,67

Contabilmente, temos:

Tabela 2.10 – Contabilização do ajuste no custo das mercadorias vendidas

CMV (R$)		Estoques (R$)	
3.416,67	68,33	4.100,00	3.416,67
		68,33	
3.348,34		751,66	

Com relação aos **descontos comerciais** e aos **abatimentos**, seus lançamentos nas fichas de estoques e nas contas contábeis são semelhantes aos das devoluções – com o detalhe de que não envolvem quantidades, apenas **valores**.

Importante: quando nos referimos a *descontos*, estamos considerando, mais uma vez, os **descontos comerciais** (constantes nas notas fiscais de compra e venda), e não os descontos obtidos via negociação financeira. Estes sempre serão tratados como receita ou despesa financeira, o que afeta diretamente o resultado.

2.6 Outras operações contábeis

As operações contábeis geralmente se caracterizam por **ajustes efetuados no ativo** ou por **reconhecimento de valores** que vão impactar **diretamente no resultado**, estando sujeitas a estimativas de seus valores por parte da contabilidade.

2.6.1 Depreciação

Os bens materiais que comumente estão sujeitos à **depreciação** e que aparecem no **ativo imobilizado** são: computadores, imóveis (construções), instalações, móveis e utensílios, além de veículos. Essa depreciação corresponde à **redução do valor dos elementos classificáveis**, o que ocorre pelo desgaste mediante o uso, por ação da natureza ou pela obsolescência normal.

Quando a empresa compra bens para uso próprio, ela realiza um **gasto**, o qual, por ser considerado **investimento**, não pode ser contabilizado como **despesa**. Contudo, quando esses bens são utilizados pela empresa e se desgastam com o tempo, eles perdem seu valor original, motivo pelo qual é realizada a depreciação desses bens. Por meio dessa depreciação, a empresa pode considerar como **despesa o valor gasto na aquisição dos seus bens de uso**.

Para se depreciar o valor gasto na aquisição de um bem, é preciso atendermos algumas exigências legais, tendo em vista, principalmente, o **tempo de vida útil** desse bem, que é **limitado**. Com o tempo, tais bens sofrem desgastes, isto é, perdem utilidade para a empresa, seja em função do uso, seja pela ação da natureza ou mesmo pela obsolescência. Conforme dissemos, essa perda de substância deve ser retratada contabilmente pela **depreciação**.

O **uso** é o fator mais comum que causa a depreciação, pois, com a utilização corrente dos bens na operacionalização das atividades empresariais, estes vão se desgastando fisicamente, até que, em determinado momento, perdem sua utilidade, devendo ser renovados.

A **ação da natureza** também exerce grande influência na redução da utilidade dos bens, posto que, mesmo se não forem utilizados normalmente, esses bens se desgastam.

Por **obsolescência**, entendemos a perda de utilidade dos bens em comparação a outros da mesma natureza que sejam tecnologicamente mais avançados. Máquinas, veículos e computadores antigos são exemplos de itens obsoletos. Portanto, a obsolescência se configura pela certeza de menor rendimento técnico e, portanto, menor produtividade.

Vamos partir de um exemplo: você compra um automóvel hoje. Daqui a cinco ou seis anos, esse automóvel, que é usado diariamente, não terá o mesmo rendimento de quando era novo.

A isso denominamos *desgaste pelo uso*, causa mais comum da depreciação. Porém, o tempo também causa um desgaste nesse bem, pois ele fica exposto à luz do sol, a chuvas e a outras intempéries. Surgem novos modelos de veículos, mais modernos, mais econômicos e com maior produtividade, tornando obsoletos os modelos existentes até então.

Por esses motivos, e por tais bens servirem às empresas em vários exercícios sociais, é correto que se incorpore ao custo de cada exercício uma parcela do seu valor, ao longo do período estimado de sua vida útil.

Os itens mais comuns que podemos encontrar como **imobilizados** e que se sujeitam à depreciação são os seguintes:

- computadores;
- imóveis;
- instalações;
- móveis e utensílios;
- veículos;
- máquinas;
- equipamentos.

Ao realizar os investimentos de recursos em **bens tangíveis**, cuja duração será prolongada no tempo, as empresas buscam, nessa utilização de longo prazo, a obtenção de **receitas**. Dessa forma, podemos considerar a *depreciação* como **alocação do custo de aquisição dos bens durante o seu tempo de vida útil**, confrontando esse custo, por competência, com as respectivas receitas geradas, buscando a apuração mais racional do lucro.

Os **percentuais de depreciação** devem ser definidos com base na **estimativa de vida útil dos bens**, na concepção de que a distribuição do valor dos bens em despesa ocorra a partir da **proporção entre o desgaste físico** (perda de utilidade) e o **valor estimado como despesa**. No entanto, a maioria das empresas utiliza os percentuais definidos pela Receita Federal, conforme seguem alguns exemplos:

- Imóveis, exceto terrenos (vida útil de 25 anos) – percentual anual de depreciação de 4% (quatro por cento) ao ano.
- Instalações, móveis e utensílios (vida útil de 10 anos) – percentual anual de depreciação de 10% (dez por cento) ao ano.
- Veículos (vida útil de 5 anos) – percentual de depreciação de 20% (vinte por cento) ao ano.

Convém lembrarmos que, como a contabilidade deve ser realizada mensalmente, esses percentuais anuais devem ter sua quota definida também mensalmente.

Após serem estabelecidos o tempo de vida útil e a respectiva taxa anual de depreciação, é preciso verificarmos o **método de depreciação** a ser adotado.

O método de depreciação utilizado reflete o **padrão de consumo**, pela entidade, dos benefícios econômicos futuros.

O Pronunciamento Técnico CPC 27, que trata do ativo imobilizado, recomenda que se realize ao menos uma vez ao ano uma revisão do método de depreciação utilizado (CPC, 2009). Caso se perceba uma alteração nas condições de uso ou outros fatores que indiquem uma necessidade de alteração no método, deve ser adotado outro critério.

Conforme o pronunciamento e de acordo com a doutrina sobre o tema, **a empresa deverá utilizar o método que melhor reflita o desgaste sofrido pelos bens do ativo imobilizado**. Não é recomendável repetir os critérios autorizados pela legislação fiscal, que estabelece padrões de vida útil.

O mais utilizado é o **método linear** ou **em linha reta**, que consiste em aplicar **taxas constantes** durante o tempo de vida útil estimado para o bem. Contudo, existem vários métodos de depreciação além deste, como o **método da soma dos dígitos,** o **método do saldo decrescente**, entre outros. Como exemplo de método linear, temos: se o tempo de vida útil de um bem foi determinado em 10 anos, a taxa anual de depreciação será de 10% (dez por cento).

A depreciação também pode ser **normal** ou **acelerada**, diferenciando-se aqui apenas em relação à **taxa** aplicada, que pode variar conforme o número de **turnos** de utilização do bem a ser depreciado – cada turno corresponde a um período de oito horas.

Dessa forma, se o bem for utilizado durante um **único turno**, a ele será aplicada a **taxa normal**; se for utilizado durante **dois turnos**, será aplicada a **taxa multiplicada pelo coeficiente 1,5**; e se for utilizado durante **três turnos**, será aplicada a **taxa multiplicada pelo coeficiente 2,0**.

Para conhecermos o valor da depreciação do bem em cada exercício, basta aplicarmos a taxa sobre o valor desse bem. Por exemplo:

Tabela 2.11 – Cálculo da depreciação

Bem	Percentual	Valor do bem (R$)	Depreciação anual (R$)	Depreciação mensal (R$)
Veículo	20%	20.000,00	4.000,00	333,33
Edificações	4%	500.000,00	20.000,00	1.667,00
Móveis e utensílios	10%	10.000,00	1.000,00	83,33
Totais		530.000,00	25.000,00	2.083,66

Tabela 2.12 – Lançamento contábil

Contas contábeis	Débito (R$)	Crédito (R$)
Despesa de depreciação (DRE)	333,33	
Depreciação acumulada – veículos (conta redutora do ativo imobilizado – balanço patrimonial)		333,33

Observações:

- A conta debitada *depreciação* corresponde à despesa do período, portanto, seu saldo será transferido para a conta *resultado do exercício* no momento da apuração do resultado líquido.

- A conta creditada *depreciação acumulada de móveis e utensílios* é patrimonial e representará, sempre, o valor acumulado das depreciações realizadas durante o tempo de vida útil do bem.

- No balanço patrimonial, a conta *depreciação acumulada* deve ser destacada como redutora por natureza dos bens, pois não devemos creditar a própria conta que representa o bem, prevendo sempre seu valor original.

2.6.2 Provisão para créditos de liquidação duvidosa

Os **recebíveis** de uma empresa deverão ser avaliados pelos seus respectivos **valores prováveis de realização**, critério definido pela Lei n. 6.404, de 15 de dezembro de 1976, que, no seu art. 183, inciso I, alínea *b*, expõe:

> Art. 183. No balanço, os elementos do ativo serão avaliados segundo os seguintes critérios:
> I – as aplicações em instrumentos financeiros, inclusive derivativos, e em direitos e títulos de créditos, classificados no ativo circulante ou no realizável a longo prazo:
> [...]
> b) pelo valor de custo de aquisição ou valor de emissão, atualizado conforme disposições legais ou contratuais, ajustado ao valor provável de realização, quando este for inferior, no caso das demais aplicações e os direitos e títulos de crédito;
> [...]. (Brasil, 1976b)

Entendemos o referido **valor provável de realização** como a quantidade em moeda que poderemos obter no recebimento (realização) desses créditos. Porém, sabemos que todos os recebíveis apresentam um **risco**, maior ou menor, de não ser realizados financeiramente; portanto, as empresas devem considerar esse risco, provisionando a respectiva parcela entendida como de **liquidação duvidosa**.

Essa provisão, realizada com fundamento em uma **estimativa de risco**, deverá ser contabilizada como **redutora da conta contábil que registra o crédito a receber**, deixando claro que o valor da carteira é representado pelo valor nominal da carteira deduzido do valor estimado como perda provável.

O critério mais comumente adotado pelas empresa na constituição do valor provável de perda consiste na **aplicação de um percentual sobre o valor da carteira**. Porém, é indicado que a área contábil defina esse valor juntamente com as áreas financeira (que gerencia a concessão de crédito e a respectiva cobrança) e comercial (que conhece melhor o mercado e a situação de cada cliente). Essa decisão colegiada é importante, porque, no momento da análise da carteira, devem ser levadas em consideração as perdas históricas, o perfil dos clientes e suas respectivas realidades econômica e financeira.

Quadro 2.3 – Contabilização da provisão para devedores duvidosos (PDD)

Contas contábeis	Débito (R$)	Crédito (R$)
Despesa com provisão para crédito de liquidação duvidosa (DRE)	Valor estimado da perda	
Provisão para crédito de liquidação duvidosa (conta redutora da conta que registra os créditos a receber – balanço patrimonial)		Valor estimado da perda

Caso ocorra a **perda efetiva**, ou caso se esgotem as possibilidades de recebimento, deve ser realizada a respectiva **baixa dos títulos** considerados *perdidos* ou *incobráveis*, pois já não representam mais nenhum benefício econômico para a entidade.

Quadro 2.4 – Contabilização da perda efetiva de créditos

Contas contábeis	Débito (R$)	Crédito (R$)
Provisão para créditos de liquidação duvidosa (conta redutora da conta que registra os créditos a receber – balanço patrimonial)	Valor efetivamente perdido	
Duplicatas a receber – ativo – balanço patrimonial		Valor efetivamente perdido

2.6.3 Escrituração contábil e contas retificadoras do ativo e do passivo

A técnica contábil utilizada para **registrar os eventos econômicos** ocorridos em determinada data e que sejam **relevantes para efeito contábil** chama-se *escrituração*. Essa relevância refere-se à **influência** – ou à **não influência** – que tais eventos causam no patrimônio ou no resultado da entidade. Os fatos contábeis classificam-se em fatos *permutativos, modificativos* e *mistos*.

Os **fatos contábeis permutativos** são aqueles que **não alteram o valor do patrimônio líquido da entidade**, apenas **permutando (trocando) valores em operações que envolvem somente elementos patrimoniais (ativos e passivos)**. Em uma compra a prazo, por exemplo, a empresa adquire estoques – aumentado seu ativo –, mas, no mesmo instante, assume uma dívida com seu fornecedor – o que aumenta seu passivo. Assim, o valor do **patrimônio líquido** (riqueza líquida) não será alterado.

Os **fatos contábeis modificativos** são aqueles que, quando ocorrem, **modificam diretamente o valor líquido contábil da entidade**, pois representam um **ingresso de recursos via geração de uma receita, ou uma saída de recursos por conta da incorrência de uma despesa**. O recebimento de uma receita de aluguel por parte da empresa é um exemplo desse tipo de fato contábil, pois, nesse caso, temos uma receita sendo gerada e contabilizada – aumentando diretamente o patrimônio líquido –, com a respectiva contabilização da entrada de recursos no disponível. O pagamento de uma despesa de alimentação em dinheiro é outro exemplo de fato contábil modificativo, pois influencia diretamente na riqueza líquida da empresa, isto é, no patrimônio líquido, reduzindo-o, com a concomitante saída de dinheiro do disponível.

Os **fatos contábeis mistos** tanto podem ser **aumentativos** como **diminutivos**. São aqueles que, simultaneamente, provocam uma **permuta** (fato permutativo) e uma **modificação** (fato contábil modificativo) na **situação líquida**. Combinam, portanto, as características dos **fatos permutativos** com as dos **fatos modificativos**, determinando a **variação qualitativa e quantitativa do patrimônio** ou a **variação patrimonial mista**. Podemos tomar como exemplo o pagamento de uma dívida com juros, na qual teremos a redução em conta do passivo – pela baixa da obrigação quitada –, a redução em conta do ativo – pela saída do dinheiro do disponível – e a redução do patrimônio líquido, pelo reconhecimento de uma despesa financeira (por exemplo, despesa com juros sobre duplicatas). Assim, ocorreu uma **permuta** (valores de ativo e passivo), mas a **troca** gerou uma **perda** (pelo pagamento da despesa financeira), combinando, portanto, dois fatos: permutativo e modificativo.

Outro exemplo, agora com reflexo **positivo** no resultado e no patrimônio líquido, é o recebimento de uma duplicata de um cliente, com juros, pois este a quitou com atraso. Temos, portanto, uma **permuta** de valores de ativos – a baixa de um direito a realizar e a entrada concomitante de um valor no disponível. Nesse caso, porém, ocorre um **aumento** da riqueza líquida da companhia, uma vez que houve **ganho** na troca dos ativos, pelo reconhecimento de uma receita de juros sobre duplicatas.

São esses fatos que serão objetos dos **lançamentos contábeis** ou da **escrituração contábil**, que é o **registro nas contas contábeis**. Podemos representar o fluxo contábil da seguinte forma:

Figura 2.1 – Fluxo do processo contábil

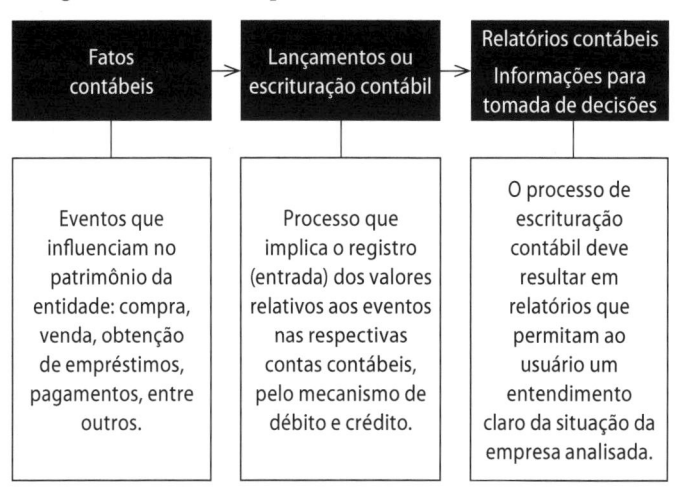

Fatos contábeis	→	Lançamentos ou escrituração contábil	→	Relatórios contábeis Informações para tomada de decisões
Eventos que influenciam no patrimônio da entidade: compra, venda, obtenção de empréstimos, pagamentos, entre outros.		Processo que implica o registro (entrada) dos valores relativos aos eventos nas respectivas contas contábeis, pelo mecanismo de débito e crédito.		O processo de escrituração contábil deve resultar em relatórios que permitam ao usuário um entendimento claro da situação da empresa analisada.

2.6.3.1 Obrigatoriedade da escrituração contábil

A escrituração contábil, apesar de ser uma necessidade indiscutível para efeito de controle administrativo, contábil e gerencial de um patrimônio, é uma **obrigação legal**, pois diversas leis tratam dessa técnica e a tornam **obrigatória**, dada a sua importância para o empresário, para o governo, para os investidores e para outros interessados no acompanhamento da situação econômica da entidade. Sem o registro contábil, não se poderia disponibilizar os **relatórios contábeis** (balanço patrimonial, demonstração do resultado e fluxo de caixa, entre outros).

2.7 Legislação societária

A Lei n. 10.406, de 10 de janeiro de 2002 – o Código Civil –, em seu art. 1.179, dispõe expressamente sobre a **obrigatoriedade da escrituração contábil** para o empresário e para a sociedade empresária, nos seguintes termos:

Art. 1.179. O empresário e a sociedade empresária são obrigados a seguir um sistema de contabilidade, mecanizado ou não, com base na escrituração uniforme de seus livros, em correspondência com a documentação respectiva, e a levantar anualmente o balanço patrimonial e o de resultado econômico.

[...]

§2º É dispensado das exigências deste artigo o pequeno empresário a que se refere o art. 970.[2] (Brasil, 2002)

Toda e qualquer movimentação financeira, inclusive bancária, deve passar pela técnica de escrituração, em dois livros contábeis principais: o **livro diário** e o **livro razão**. No **livro diário** são registradas, em ordem cronológica de dia, mês e ano, **todas as movimentações diárias** relativas a pagamentos, recebimentos, receitas, despesas e outros fatos contábeis. No **livro razão**, esses fenômenos aparecem como **contas contábeis**. Portanto, após os lançamentos contábeis, podemos visualizar os eventos de duas formas: por **datas** – utilizando-se do diário – e por **contas contábeis** – por meio do livro razão de contas.

A Lei n. 6.404/1976, em seu seu Capítulo XV, determina que, ao fim de cada exercício social, a empresa deve elaborar as **demonstrações financeiras**, com base na escrituração contábil. O art. 177 da mesma lei estabelece que a escrituração contábil deve ser mantida em **registros permanentes**, com **obediência aos preceitos da legislação empresarial e aos princípios da contabilidade**, devendo seguir **métodos ou critérios contábeis uniformes**, segundo o regime de competência.

2.8 Lei de recuperação judicial, extrajudicial e falências

Outra lei que torna obrigatória a escrituração contábil é aquela relativa à **recuperação judicial**, à **recuperação extrajudicial** e à **falência** do empresário e da sociedade empresarial – a Lei n. 11.101, de 9 de fevereiro de 2005 –, a qual determina que,

---

2 Lei n. 10.406/2002, art. 970: "A lei assegurará tratamento favorecido, diferenciado e simplificado ao empresário rural e ao pequeno empresário quanto à inscrição e aos efeitos daí decorrentes" (Brasil, 2002).

para as entidades utilizarem esse instituto legal de recuperação econômica, devem formalizar o pedido, instruindo-o com as demonstrações financeiras e outros documentos contábeis, previstos em seu art. 51, inciso II e parágrafo 2º (Brasil, 2005).

2.9 Legislação tributária

A escrituração contábil também é fundamental para a **legislação tributária**, pois é com base nela que o governo, nos âmbitos municipal, estadual e federal, certifica-se de que a empresa está cumprindo com suas **obrigações fiscais**. Embora exista um tratamento diferenciado, favorecido e simplificado às **microempresas** e **empresas de pequeno porte** – no âmbito da Lei Complementar n. 123, de 14 de dezembro de 2006 (Brasil, 2006), que permite às empresas enquadradas nessas categorias utilizarem outros registros que não obrigatoriamente o contábil –, não podemos descuidar de que a melhor prova e controle dos eventos tributários é, sem dúvida, o **registro contábil** e os respectivos **relatórios contábeis**.

2.10 Legislação profissional

O Conselho Federal de Contabilidade (CFC)[3], por meio da Resolução CFC n. 1.330, de 18 de março de 2011, aprovou a interpretação técnica ITG 2000 – Escrituração Contábil, que dispõe sobre:

> [...] os critérios e procedimentos a serem adotados pela entidade para a escrituração contábil de seus fatos patrimoniais, por meio de qualquer processo, bem como a guarda e a manutenção da documentação e de arquivos contábeis e a responsabilidade do profissional da contabilidade. (CFC, 2011a)

Essa norma deve ser adotada na elaboração da escrituração contábil de todas as entidades, observando-se, ainda, as exigências da legislação e de outras normas aplicáveis.

---

[3] O CFC é o órgão que tem como função orientar, normatizar e fiscalizar o exercício da profissão contábil, regular os princípios contábeis, editar normas brasileiras de contabilidade de natureza técnica e profissional, além de diversas outras finalidades relacionadas à prática contábil e ao exercício da profissão.

Segundo a interpretação ITG 2000, a escrituração será executada em moeda corrente e idioma nacionais, em forma contábil, em ordem cronológica de dia, mês e ano, com ausência de espaços em branco, entrelinhas, borrões, rasuras, emendas ou transportes para as margens e, ainda, com base em documentos probantes. A interpretação dispõe, ainda, que a escrituração deve observar o **princípio da competência**, além de conter um nível de detalhamento que atenda às necessidades de informações dos usuários da contabilidade.

A forma contábil à qual nos referimos deve conter alguns requisitos mínimos, listados pela ITG 2000 – Escrituração Contábil:

a) data do registro contábil, ou seja, a data em que o fato contábil ocorreu;

b) conta devedora;

c) conta credora;

d) histórico que represente a essência econômica da transação ou o código de histórico padronizado – nesse caso, baseado em tabela auxiliar inclusa em livro próprio;

e) valor do registro contábil;

f) informação que permita identificar, de forma unívoca, todos os registros que integram um mesmo lançamento contábil.

Uma adequada e regular escrituração contábil assegura, entre outras vantagens, um **melhor controle financeiro e gerencial** do patrimônio e do resultado (lucro ou prejuízo) da entidade, presta-se como **prova das atividades** do empresário e da sociedade empresária, como prova em **eventuais discussões judiciais** (trabalhistas, previdenciárias e tributárias, entre outras) e, ainda, permite aos interessados naquele patrimônio a **verificação** e o **acompanhamento do seu desempenho**, o que facilita a inserção da empresa no mercado de capitais e a obtenção de linhas de financiamentos, além de outras vantagens.

2.11 Técnica de escrituração

A técnica de escrituração utiliza os **lançamentos contábeis** para registro das operações, cujo principal método é o **das partidas dobradas** (*partida* = "lançamento"; *dobrada* = "em duplicidade"), o qual prevê que, **para todo débito, haverá sempre um crédito, e vice-versa**. Esse método, difundido pelo frei Luca Pacioli, em 1494, estabelece que, a cada débito, em uma ou mais contas contábeis, corresponderão créditos, em uma ou mais contas.

Podemos visualizar graficamente o roteiro da escrituração, conforme a Figura 2.2, a seguir:

Figura 2.2 – Roteiro de escrituração contábil

```
                    ┌─────────────────────────────────┐
                    │   Evento econômico/contábil     │
                    └─────────────────────────────────┘
                                    │
        ┌───────────────┬───────────┴───────────┐
┌───────────────┐ ┌───────────────┐    ┌───────────────┐
│ Definição das │ │  Conta(s) a   │    │  Conta(s) a   │
│    contas     │ │  débito(s)    │    │  crédito(s)   │
└───────────────┘ └───────────────┘    └───────────────┘
                                    │
┌───────────────┐         ┌─────────────────────┐
│ Reflexo nos   │────────▶│   Diário e razão    │
│ livros        │         │                     │
│ contábeis     │         └─────────────────────┘
└───────────────┘                   │
┌───────────────┐         ┌─────────────────────────────┐
│ Evidenciação  │         │    Balanço patrimonial      │
│ dos valores   │────────▶│ Demonstração do resultado   │
│ nos relatórios│         │ Demonstração do fluxo de    │
│ contábeis     │         │ caixa                       │
└───────────────┘         │ Demonstração das mutações   │
                          │ do patrimônio líquido       │
                          │ Demonstração do valor       │
                          │ adicionado                  │
                          └─────────────────────────────┘
```

A **definição das contas contábeis que serão utilizadas** é a primeira etapa do trabalho de escrituração. Após a escolha das contas, devemos proceder ao **lançamento em cada uma delas**, conforme o que devemos **creditar** ou **debitar**. É importante conhecermos o **saldo normal** de cada conta contábil, o qual será **devedor** ou **credor** conforme a conta, regra geral, quer represente um bem, um direito, uma obrigação, uma receita ou uma despesa.

O **ativo**, representado pelos **bens** e **direitos**, corresponde às **aplicações de recursos efetuadas pelas entidades** e cujos benefícios esperados relacionam-se com a **obtenção de resultados positivos (lucro)**. Tem **saldo devedor**, porque ali estão os **devedores daquele patrimônio**, com os quais a empresa tem créditos.

O **passivo** – incluindo o **patrimônio líquido** – tem **saldo credor**, pois contempla os **credores da entidade** com os quais a empresa tem débitos (dívidas). Portanto, o passivo representa o **valor das obrigações da entidade** – tanto de curto como de longo prazo – com os financiadores do patrimônio. Também conceituamos *passivo* como as **origens** ou **fontes de recursos**, os quais podem ser originados de terceiros (fornecedores, bancos, governo) ou ter como fonte os sócios e acionistas, também denominados *capital próprio*.

As **receitas** têm **saldo credor**, porque concorrem para o **aumento** do patrimônio líquido, ao passo que as **despesas** têm saldo **devedor**, pois **reduzem** o patrimônio líquido. O método das partidas dobradas expressa a ideia de que, ao se movimentar um recurso, a operação envolverá sempre uma **origem** e uma **aplicação** do referido recurso. Por exemplo: em uma compra de um estoque a prazo, temos a aplicação de um recurso em um **ativo (estoque)**, porém, em contrapartida, temos uma **fonte de financiamento (origem)** desse recurso, que é o fornecedor, pelo prazo que este concede à empresa.

O lançamento da partida será um **débito** na conta *estoques*; já a contrapartida será representada por um **crédito** na conta *fornecedores do passivo*. Decorrente dessa concepção – de que a cada um ou mais débitos, em uma ou mais contas contábeis, corresponderão um ou mais créditos em uma ou mais contas –, extraímos a lógica da **igualdade do ativo e do passivo**, ou seja, **os saldos credores serão sempre iguais aos saldos devedores**. Para reforçar tal ideia, podemos raciocinar que, nas transações econômicas, não existe devedor sem um respectivo credor.

Na Figura 2.3 a seguir apresentamos alguns conceitos para facilitar a explanação:

Figura 2.3 – Escrituração contábil

Evento	Conta contábil	Grupo a que pertence	Saldo normal da conta	Reflexo da operação
Compra Venda Pagamento Recebimento	Caixa, estoques, fornecedores.	Ativo, passivo, receitas, despesas.	Ativo e despesas = saldo devedor Passivo e receitas = saldo credor	

Ativo e despesas = saldo devedor – aumentam pelos débitos – diminuem pelos créditos
Passivo e receitas = saldo credor – aumentam pelos créditos – diminuem pelos débitos

2.12 Contas retificadoras do ativo e do passivo

As **contas retificadoras**, ou **redutoras**, representam fatos que causaram ou poderão causar **reduções nos valores** de alguns elementos do grupo a que pertencem dentro do balanço patrimonial.

As **contas retificadoras do ativo** comumente são representativas de **provisões**, que expressam **possíveis perdas em valores de**

bens e direitos. Sabemos que o ativo tem **saldo devedor**, portanto, as contas retificadoras do ativo são de **natureza credora**, pois são contas que ajustam ou retificam elementos do próprio ativo.

Nesses casos, as contas representativas de elementos objeto das retificações apresentam o **saldo pelo valor líquido** no balanço patrimonial, ou seja, o valor nominal da conta reduzido do respectivo ajuste.

Quanto às **provisões para ajustes em valores do ativo**, elaboramos a seguir uma representação gráfica da necessidade de sua constituição.

Figura 2.4 – Provisões para ajustes em valores do ativo

```
                    Valor contábil – VC
                            │
                            ▼
                  O valor líquido
       Sim ◄──── de realização é ────► Não
                  maior que o VC
        │                                │
        ▼                                ▼
  Não há perda                     Mensurar o
                                    montante
                                    estimado
                                    da perda e
                                    contabilizar
```

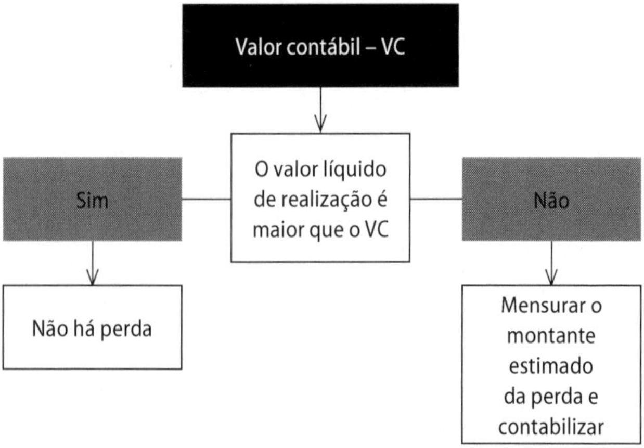

Fonte: Elaborado com base em Oda, 2013.

2.13 Contas retificadoras ativas

Existem algumas operações contábeis que, por sua natureza, representam **ajustes em valores do ativo**. As contas contábeis representativas dessas operações têm **saldo credor**, pois reduzem os valores originais desses ativos.

2.13.1 Ajuste a valor presente (AVP)

Uma novidade inserida nas regras contábeis brasileiras, quando da convergência com as normas internacionais de contabilidade, foi a necessidade de se proceder ao **ajuste a valor presente de ativos e passivos de longo prazo**, sendo que esse ajuste também será aplicado aos de **curto prazo** quando o efeito for relevante.

Tal procedimento foi inserido na própria legislação societária brasileira, dispondo a respeito a Lei n. 6.404/1976:

> Art. 183. [...]
> VIII – os elementos do ativo decorrentes de operações de longo prazo serão ajustados a valor presente, sendo os demais ajustados quando houver efeito relevante. [...]
> Art. 184. [...]
> III – as obrigações, encargos e riscos classificados no passivo exigível a longo prazo serão ajustados ao seu valor presente, sendo os demais ajustados quando houver efeito relevante.
> (Brasil, 1976b)

O Pronunciamento Técnico CPC 12, que trata do **ajuste a valor presente**, determina que a mensuração a valor presente seja efetuada no **reconhecimento inicial de ativos e passivos** (CPC, 2008b). Textualmente, as diretrizes contidas no referido pronunciamento definem que serão avaliados a valor presente os itens que apresentarem as seguintes características:

a) Transações que provoquem alterações no patrimônio empresarial – seja no resultado, seja diretamente no patrimônio líquido – e que impliquem recebimento ou pagamento em data diferente da data de reconhecimento nas demonstrações.

b) Reconhecimentos periódicos de mudança de valor, utilidade ou substância.

c) Conjunto particular de fluxos de caixa estimados associados a um ativo ou passivo.

2.13.2 Provisão para créditos de liquidação duvidosa

Não raras vezes, quando as empresas vendem a prazo, deparam-se com **créditos a receber que não são efetivados nos prazos contratados com os clientes**. O **risco** de não recebimento dos créditos com clientes, ou mesmo de atrasos no recebimentos desses valores, é intrínseco aos negócios, em qualquer atividade econômica. Os créditos a receber devem ser avaliados pelo seu **valor líquido de realização**, isto é, o valor que se espera obter em moeda.

A **provisão para créditos de liquidação duvidosa** tem a finalidade de **ajustar as contas a receber (créditos) para seu provável valor de realização**, tendo como contrapartida uma **despesa** (comercial) no resultado. A contabilidade deve estar sempre atenta para a avaliação da carteira de recebíveis da empresa e, em conjunto com o setor de cobrança, deve realizar mensalmente uma análise dos riscos de perdas desses créditos e proceder à respectiva provisão.

Tabela 2.13 – Contabilização na constituição da provisão

Contas contábeis	Débito (R$)	Crédito (R$)
Despesa com provisão para créditos de liquidação duvidosa – resultado	1.000,00	
Provisão para créditos de liquidação duvidosa – redutora de contas a receber (AC)		1.000,00

Tabela 2.14 – Contabilização quando do reconhecimento da perda efetiva: supondo uma perda no valor de R$ 100,00

Contas contábeis	Débito (R$)	Crédito (R$)
Provisão para créditos de liquidação duvidosa – redutora de contas a receber (AC)	100,00	
Contas a receber (AC)		100,00

Tabela 2.15 – Contabilização quando da reversão de parte da provisão, cuja perda não ocorreu: supondo uma perda efetiva no valor de R$ 90,00

Contas contábeis	Débito (R$)	Crédito (R$)
Provisão para créditos de liquidação duvidosa – redutora de contas a receber (AC)	10,00	
Despesa com provisão para créditos de liquidação duvidosa – resultado		10,00

Nesse caso, a empresa perdeu efetivamente R$ 90,00 do total da perda esperada de R$ 100,00; portanto, R$ 10,00 será objeto de um **lançamento de reversão**, debitando-se a conta redutora do ativo com o crédito respectivo na conta de despesa.

2.13.3 Provisão para ajuste do estoque ao valor de mercado

Os **estoques** são ativos de grande representatividade nas empresas comerciais e industriais. Deverá ser constituída uma **provisão** quando o custo de aquisição ou produção dos bens constantes no balanço for menor do que o valor de mercado de tais bens. Esse **ajuste ao valor de mercado** justifica-se pela observância dos **princípios do registro pelo valor original** e da **prudência**. Essa provisão será classificada como *redutora das contas de estoques*.

Outro fundamento para essa provisão é de que nenhum ativo deve ser registrado e mantido no patrimônio por um valor que exceda o seu respectivo valor de recuperação, a teor da Norma Brasileira de Contabilidade (NBC) TG 01 – Redução ao Valor Recuperável de Ativos:

> Um ativo está registrado contabilmente por valor que excede seu valor de recuperação se o seu valor contábil exceder o montante a ser recuperado pelo uso ou pela venda do ativo. Se esse for o caso, o ativo é caracterizado como sujeito ao reconhecimento de perdas, e a Norma requer que a entidade reconheça um ajuste para perdas por desvalorização. (Cosif, 2014a)

É necessário que os itens que estejam comprovadamente com preço inferior ao custo de aquisição sejam analiticamente relacionados para se constituir a provisão.

Outra provisão que pode afetar os valores dos estoques é a representativa de **possíveis perdas ou quebras**, ou até mesmo de itens que estejam comprovadamente **obsoletos**. A constituição dessa provisão para perdas também será considerada como um **ajuste no estoque**, cuja contrapartida ocorrerá em uma **conta de despesa ou custo**.

As duas provisões constituídas se referem a **perdas esperadas em itens dos estoques**, mas podemos considerar que a **provisão para perdas em estoque** retrate um evento de maior gravidade, pois aqui a perda é do **valor integral** do item. Por exemplo: determinada empresa pode ter em estoque grandes quantidades de produtos perecíveis, cujo prazo de validade vencerá em um período menor do que o tempo em que se estima que os produtos serão vendidos. Nesse caso, a empresa **provisiona o valor total dos itens** – portanto, a perda estimada é do valor integral deles. Na **provisão para ajuste do estoque a valor de mercado**, a perda relaciona-se à diferença entre o preço pago na aquisição do item e o valor pelo qual se espera realizá-lo (vendê-lo) no mercado, que, nessa circunstância específica, é inferior ao custo (conforme a norma NBC TG 16, que regula os estoques).

Destaquemos o fato de que, em qualquer provisão que a contabilidade julgue prudente constituir e que cause efeito no resultado, ou seja, as provisões que têm como contrapartida uma conta de despesa ou custo, **devemos avaliar rotineiramente a ocorrência da perda**. Caso a perda estimada não se realize, devemos efetuar a **reversão do seu lançamento**, valendo-nos das mesmas contas do ativo e do resultado utilizadas na sua constituição.

Tabela 2.16 – Contabilização

Contas contábeis	Débito (R$)	Crédito (R$)
Despesa com provisão para ajuste do estoque a valor de mercado – resultado	2.000,00	
Provisão para ajuste de estoque a valor de mercado – redutora de estoques		2.000,00

2.14 Contas retificadoras passivas

Da mesma forma que no ativo, existem eventos que **ajustam determinados elementos obrigacionais (passivos)** e devem, portanto, apresentar **saldo devedor**. As chamadas *contas retificadoras passivas* se apresentam como **redutoras dos saldos das contas originais do passivo**.

2.14.1 Empréstimos e financiamentos – encargos prefixados: encargos financeiros a transcorrer

Nas operações financeiras relativas a empréstimos com taxa de juros prefixados, os encargos financeiros são descontados antecipadamente. Nesses casos, a empresa recebe somente o **valor líquido** do empréstimo, representado pela diferença entre o valor a pagar – que será registrado no passivo – e o valor descontado relativo aos encargos financeiros incidentes na operação. Ao proceder à contabilização desse tipo de empréstimo, a empresa deve registrar o valor recebido na conta *bancos*, o valor total do empréstimo na conta de *passivo* (*circulante* ou *não circulante*, conforme o prazo) e os encargos financeiros antecipados serão debitados em uma conta denominada **encargos financeiros a transcorrer**, que é redutora da conta **empréstimos a pagar**.

À medida que os períodos contábeis vão transcorrendo, e sempre em observância ao princípio da competência, esses encargos financeiros serão apropriados (alocados) em **despesas financeiras**, no resultado.

2.14.2 Contabilização

Para um empréstimo de R$ 1.000,00 obtido por uma empresa, considerando que o contrato previa o **desconto antecipado dos encargos financeiros**, pelo regime de competência, esses encargos devem ser contabilizados como **despesa financeira** durante o prazo do contrato.

Tabela 2.17 – Contabilização de uma conta redutora passiva

Contas contábeis	Débito (R$)	Crédito (R$)
Bancos conta corrente (AC)	900,00	
Empréstimos bancários (PC)		1.000,00
Encargos financeiros a transcorrer (PC)	100,00	

2.14.3 Contas retificadoras do patrimônio líquido

O subgrupo do **patrimônio líquido** também tem contas que retificam seus valores, mas, nesse caso, **não haverá contrapartida no resultado**, como ocorre geralmente com as contas retificadoras ativas e passivas.

2.14.4 Capital a integralizar

Essa conta retifica o patrimônio líquido, pois está vinculada à parcela do capital que foi subscrita pelo sócio; porém, a efetivação da entrega dos valores para pagamento do capital ocorrerá em momento futuro. Nesse caso, **o saldo da conta redutora deverá ser deduzido do capital social.**

2.14.5 Ações em tesouraria

São ações adquiridas pela própria empresa, quando da execução de operações de resgate, reembolso ou amortização de ações ou cotas, ou simplesmente para futura redução do capital social.

2.14.6 Prejuízos acumulados

A conta de **prejuízos acumulados** expressa o valor relativo a **resultados negativos** incorridos pela empresa e deve ser apresentada como **redutora do patrimônio líquido.**

Síntese

O profissional envolvido com o estudo e a aplicação dos conceitos da contabilidade comercial deve ter um amplo domínio das técnicas de escrituração e da legislação atinente a essas técnicas. O mecanismo de débito e crédito, representado conceitualmente pelo **método das partidas dobradas**, é a essência do reconhecimento dos fatos contábeis.

A geração e a disponibilização de informações úteis aos gestores depende de uma política contábil adequada, que se inicia pela estruturação de um plano de contas que atenda às necessidades da organização. Nesse sentido, é importante dar destaque às operações contábeis tradicionais, que representam valores com impactos significativos no patrimônio e no resultado empresarial. A depreciação, os ajustes para perdas prováveis no ativo e o cálculo do custo das mercadorias vendidas são algumas dessas operações que requerem um tratamento especial, tanto na contabilização quanto no cálculo e posterior evidenciação nos relatórios contábeis.

Questões para revisão

1. Em que consiste a depreciação e quais as suas causas?

2. Em que circunstância devemos promover o ajuste do estoque ao seu valor de mercado?

3. A redução do valor dos elementos do ativo será registrada periodicamente nas contas de:

    a) provisão para perdas prováveis, no caso de perda por ajuste ao valor provável de realização, quando este for inferior.

    b) depreciação, quando corresponder à perda do valor de capital aplicado na aquisição de direitos da propriedade industrial ou comercial.

    c) exaustão, quando corresponder à perda de valor dos direitos que têm como objeto bens físicos sujeitos a desgaste ou perda de utilidade por uso, ação da natureza ou obsolescência.

    d) provisão para ajuste ao valor de mercado, no caso de perda pelo ajuste do custo de aquisição ao valor de mercado, quando este for inferior.

4. Assinale a alternativa que contenha apenas contas redutoras do patrimônio líquido:

    a) Reserva de lucros, depreciação acumulada, ações em tesouraria.

    b) Ações em tesouraria, capital a integralizar, prejuízos acumulados.

    c) Capital social, capital subscrito, provisão para devedores duvidosos.

    d) Reservas de capital, reservas de lucros, prejuízos acumulados.

5. Em uma operação de empréstimo com cláusula de encargos financeiros prefixados, o valor desses encargos será inicialmente contabilizado na conta:
   a) de despesas financeiras.
   b) redutora do ativo, denominada *encargos financeiros a transcorrer*.
   c) redutora do passivo, denominada *encargos financeiros a transcorrer*.
   d) empréstimos a pagar, somando-se ao valor do principal devido.

Saiba mais

Os leitores interessados em aprofundar os estudos sobre conceitos de contabilidade devem consultar:

Almeida, M. C. **Curso de contabilidade introdutória em IFRS e CPC.** 2. ed. São Paulo: Atlas, 2018.

Iudícibus, S. de; Marion, J. C. **Contabilidade comercial.** 11. ed. São Paulo: Atlas, 2019.

Exercícios resolvidos

1. Uma sociedade empresária realizou as seguintes aquisições de produtos no primeiro bimestre:

Data	Quantidade	Preço unitário (R$)
03/01/2011	40	30,00
24/01/2011	50	24,00
01/02/2011	50	20,00
15/02/2011	60	20,00

Sabemos que:
- A empresa não apresentava estoque inicial.
- No dia 10/02/2014, foram vendidas 120 unidades de produtos ao preço de R$ 40,00 cada uma.
- Não será considerada a incidência de ICMS nas operações de compra e venda.

- O critério de avaliação adotado para as mercadorias vendidas é o Peps.

- O lucro bruto com mercadorias, a quantidade final de unidades em estoque e o valor unitário de custo em estoque de produtos, no dia 28/02/2014, correspondem a:

    a) R$ 1.800,00 e 80 unidades a R$ 20,00 cada.
    b) R$ 1.885,71 e 80 unidades a R$ 24,29 cada.
    c) R$ 1.980,00 e 80 unidades a R$ 23,50 cada.
    d) R$ 2.040,00 e 80 unidades a R$ 23,00 cada.

2. Uma empresa adquiriu, no dia 1º de janeiro de 2014, um ativo registrado contabilmente de R$ 15.000,00. A vida útil desse ativo foi estimada em cinco anos. Espera-se que o ativo, ao final desses cinco anos, possa ser vendido por R$ 3.000,00. Utilizando o método linear para o cálculo da depreciação, e supondo que não houve modificação na vida útil nem no valor residual, ao final do ano de 2015, o valor contábil do ativo líquido será de:

    a) R$ 7.000,00.
    b) R$ 9.000,00.
    c) **R$ 10.200,00.**
    d) R$ 12.000,00.

3. De acordo com os dados a seguir, e sabendo que o estoque final de mercadorias totaliza R$ 350.000,00 em 31/12/2014, o resultado líquido é de:

Contas	Valor (R$)
Caixa	80.000,00
Capital social	50.000,00
Compras de mercadorias	800.000,00
Depreciação acumulada	65.000,00
Despesas de juros	110.000,00
Despesas gerais	150.000,00
Duplicatas a pagar	355.000,00
Duplicatas a receber	140.000,00

(continua)

(conclusão)

Contas	Valor (R$)
Estoque inicial de mercadorias	200.000,00
Móveis e utensílios	70.000,00
Receita de juros	80.000,00
Receita de vendas	1.000.000,00

a) R$ 170.000,00.
b) R$ 240.000,00.
c) R$ 350.000,00.
d) R$ 390.000,00.

4. De acordo com a NBC TG 16(R1) – Estoques, os estoques devem ser mensurados:

    a) Pelo valor de compra ou pelo valor justo, dos dois o menor.
    b) Pelo valor de compra ou pelo valor realizável líquido, dos dois o maior.
    c) Pelo valor de custo ou pelo valor justo, dos dois o maior.
    d) **Pelo valor de custo ou pelo valor realizável líquido, dos dois o menor.**

5. O fato representado pela compra a prazo de 100 unidades de mercadorias a R$ 200,00 cada, em um total de R$ 20.000,00 e com R$ 3.400,00 de ICMS destacado na nota fiscal, é contabilizado por meio do seguinte lançamento:

Ato	Valor (R$)
a) Mercadorias	23.400,00
Duplicatas a pagar	23.400,00
b) Mercadorias	20.000,00
ICMS a recuperar	3.400,00
Duplicatas a pagar	23.400,00
c) Mercadorias	**16.600,00**
ICMS a recuperar	**3.400,00**
Duplicatas a pagar	**20.000,00**
d) Mercadorias	20.000,00
ICMS a recuperar	6.600,00
Duplicatas a pagar	3.400,00

Perguntas & Respostas

Em que consiste um fato contábil permutativo?

Fato contábil permutativo é aquele que envolve a movimentação apenas de contas patrimoniais (contas representativas de um bem, direito ou obrigação), não causando nenhum efeito no patrimônio líquido (receita ou despesa). É, por exemplo, o pagamento de uma dívida no prazo, em valores nominais. Ocorre a saída de um recurso do caixa com a correspondente liquidação de um passivo pelo mesmo valor.

Em que circunstâncias o ICMS sobre compras deve ser destacado e por quê?

Nas compras de mercadorias para o estoque, quando a empresa tem o direito de compensar o ICMS pago ao fornecedor com aquele montante de imposto que terá de recolher sobre suas vendas. Nesses casos, o ICMS é um direito da empresa e não deve compor o custo da mercadoria adquirida.

Por que o passivo tem natureza credora se corresponde às dívidas da empresa?

O passivo tem saldo credor porque contempla os valores que representam os credores do patrimônio, com os quais a empresa tem dívidas (débitos). Ao assumir uma obrigação, os credores aumentam seus créditos com a empresa.

Qual é o objetivo da constituição de uma provisão que reduz o ativo?

O objetivo da provisão sobre valores do ativo consiste em apresentar o elemento pelo provável valor de realização financeira, ou seja, é uma estimativa da quantidade de moeda que ingressará no caixa da empresa na realização desse ativo.

Podemos afirmar que a depreciação acumulada é uma provisão?

Não. A depreciação consiste na alocação do valor de um ativo de longa duração como despesa, preferencialmente de forma proporcional ao seu desgaste físico e tecnológico. A ideia é confrontar, por competência, o consumo proporcional do ativo (despesa de depreciação) com a receita gerada por esse mesmo ativo.

Consultando a legislação

Você poderá consultar as seguintes leis para se aprimorar nos aspectos legais que fundamentaram este capítulo:

1. Lei n. 10.406, de 10 de janeiro de 2002, o Código Civil, especialmente os arts. 966 a 1.195, que tratam do direito de empresa.

2. Lei n. 6.404, de 15 de dezembro de 1976, especialmente o Capítulo XV, que trata do exercício social e das demonstrações financeiras.

3. Lei n. 11.638, de 28 de dezembro de 2007.

Demonstrações financeiras das empresas comerciais **3**

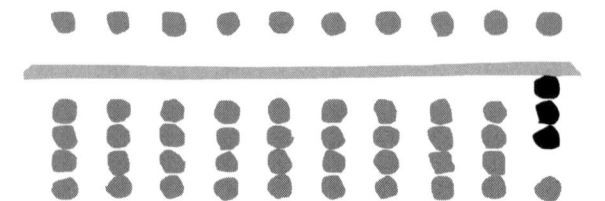

Conteúdos do capítulo

- Conceito e objetivos dos relatórios contábeis tradicionais – balanço patrimonial e demonstração do resultado do exercício (DRE).
- Grupos e principais contas contábeis.
- Critérios de avaliação dos elementos patrimoniais.

Após o estudo deste capítulo, você será capaz de:

1. entender a estrutura do balanço patrimonial e da DRE;
2. conceituar os principais grupos e contas dos relatórios contábeis mais tradicionais (DRE);
3. compreender os critérios de classificação e de avaliação dos principais elementos do balanço patrimonial.

3.1 Balanço patrimonial

O **relatório contábil obrigatório**, segundo a Lei n. 6.404, de 15 de dezembro de 1976 (Brasil, 1976b) – a Lei das Sociedades por Ações –, que, por meio do Decreto-Lei n. 1.598, de 26 de dezembro de 1977 (Brasil, 1977), teve estendida sua aplicação às demais sociedades, chama-se *balanço patrimonial*. Dispõe o art. 176 da referida lei:

> Art. 176. Ao fim de cada exercício social, a diretoria fará elaborar, com base na escrituração mercantil da companhia, as seguintes demonstrações financeiras, que deverão exprimir com clareza a situação do patrimônio da companhia e as mutações ocorridas no exercício:
>
> I – balanço patrimonial;
>
> II – demonstração dos lucros ou prejuízos acumulados;
>
> III – demonstração do resultado do exercício; e

IV – demonstração dos fluxos de caixa; e (Redação dada pela Lei n. 11.638, de 2007)

V – se companhia aberta, demonstração do valor adicionado. (Incluído pela Lei n. 11.638, de 2007). (Brasil, 1976b)

O balanço patrimonial, assim como os demais relatórios contábeis, constitui-se um autêntico **modelo de representação da situação econômica e financeira de determinado patrimônio**. Modelos são representações da realidade, pois esta, tal como se apresenta, é praticamente impossível de ser mostrada, senão mediante um dado modelo. Para que possamos estudar e compreender a realidade financeira de uma empresa, utilizamos esses modelos, assim como na engenharia as plantas representam os futuros empreendimentos, ou, no caso de um veículo a ser produzido, primeiro temos sua concepção gráfica – o *design* – para que possamos compreender como ele será. Quanto mais completo e compreensível o modelo, melhor será a representação daquela realidade, e isso não é menos verdadeiro em se tratando de relatórios contábeis, já que esses modelos devem expressar o mais precisamente possível a realidade econômico-financeira das empresas.

Esse relatório mostra a configuração do **patrimônio** – daí a expressão *balanço patrimonial* – de uma empresa em termos de **ativo, passivo** e **patrimônio líquido**.

Além disso, o balanço oferece a possibilidade de o empresário acompanhar a **evolução de seu patrimônio** em diversos períodos. Szuster et al. (2013, p. 114) afirmam que o balanço patrimonial "tem como objetivo mostrar a posição financeira da empresa em um momento específico e informar a capacidade de geração dos fluxos futuros de caixa". É uma **demonstração estática da situação financeira de um patrimônio em determinada data**. Deve, ainda, ser apresentado sempre em comparação com os valores do exercício imediatamente anterior.

Os elementos que constam no balanço patrimonial, representados pelas **contas contábeis**, classificam-se em dois grandes grupos e vários subgrupos, conforme expomos no Quadro 3.1 a seguir.

Quadro 3.1 – Estrutura do balanço patrimonial

Ativo	Passivo
Ativo circulante	**Passivo circulante**
Disponível	Fornecedores
Clientes	Empréstimos e financiamentos
Estoques	Obrigações fiscais
Despesas antecipadas	Outras obrigações
Ativo não circulante	**Passivo não circulante**
Realizável em longo prazo	**Patrimônio líquido**
Investimentos	Capital social
Imobilizado	Reservas
Intangível	Ajustes de avaliação patrimonial
	Prejuízos acumulados

3.1.1 Ativo: bens e direitos

Nos **ativos** estão as **aplicações de recursos** e os **usos de recursos efetivados pela empresa**. Eles podem ser classificados em ativos *de realização* e ativos *de uso*. Os dois grupos devem contribuir para a finalidade essencial de qualquer elemento classificado como ativo, ou seja, a **geração de benefícios econômicos** com vistas a potencializar os **resultados positivos (lucros)** das entidades empresariais. Como dissemos, dependendo das características do ativo e da sua vinculação com o resultado, podem ser classificados como *de uso* ou *de realização*.

Ativos de realização são aqueles bens e direitos cuja finalidade se dá no **ativo circulante** e no **ativo realizável** (a longo prazo) – é a **geração de caixa**.

Por outro lado, os **ativos de uso** são representados por bens e direitos que **geram entradas de caixa**. Portanto, eles se realizam integralmente quando cumprem essa finalidade. Por exemplo: quando a empresa recebe uma duplicata de um cliente, realiza esse direito (extingue-o); em contrapartida, há uma entrada de numerário para o caixa. Outro exemplo que podemos indicar é com relação à realização dos estoques. Utilizados na produção – no caso de material direto nas indústrias – ou transferidos aos clientes – no caso de vendas –, cada item é integralmente realizado no momento da operação, do consumo na produção ou de venda ao cliente.

Por outro lado, os **benefícios econômicos** esperados dos ativos de uso – cuja utilidade se prolonga no tempo, ou seja, seu consumo não ocorre em um único momento, mas se refere a um número considerável de períodos contábeis –, classificados no **ativo não circulante** (investimentos permanentes, imobilizado e intangível), estão relacionados com seu **uso na produção de outros ativos**. É o caso dos **investimentos permanentes**, cujo benefício econômico é o recebimento de **dividendos** das empresas nas quais a entidade possui ações ou cotas; ou, ainda, o caso do **imobilizado**, cujos itens são utilizados para a produção de bens e serviços.

Resumindo, podemos afirmar que um determinado **ativo de realização contribui com o caixa, com sua conversão imediata ou mediata em dinheiro**; já o **ativo de uso contribui de forma indireta**, pois proporciona a **geração de ativos que serão realizados em dinheiro**.

Para um item ser considerado *ativo*, ele deve atender a alguns **requisitos**, como: ser um bem ou um direito; ser de propriedade da empresa; ser mensurável monetariamente (ter um valor); e representar um benefício presente ou futuro.

O **ativo** é o aspecto mais importante de um negócio, pois é ele que vai determinar a estrutura da empresa, além de representar o potencial dela de atender a uma demanda do mercado, isto é, de aproveitar oportunidades. Conceitualmente – conforme sua finalidade –, podemos dividi-lo em dois grandes grupos: *ativos de realização* e *ativos de uso*.

Ativos de realização são aqueles que compõem o ativo circulante, que se realizam integral e diretamente em dinheiro, em menor ou maior prazo, como as duplicatas a receber, os estoques e outros.

Por outro lado, os **ativos de uso** são os que proporcionam a estrutura de que a empresa necessita para poder exercer suas atividades. Não são realizados diretamente em dinheiro, mas cumprem com sua finalidade, uma vez que proporcionam à empresa as condições necessárias para exercer suas atividades, como as máquinas e as participações de capital em outras sociedades, por exemplo.

A **propriedade** é um dos requisitos para a caracterização de um elemento como *ativo* – não basta a posse. Outro requisito essencial para qualificarmos um ativo é que este seja **mensurado monetariamente**, ou seja, deve haver a possibilidade objetiva de se atribuir um valor monetário a esse ativo. A marca, por exemplo, é um dos ativos mais importantes de propriedade de uma empresa, embora haja certa dificuldade em sua avaliação monetária. Os critérios utilizados aqui são subjetivos e não atendem ao que determina o princípio contábil da objetividade. A mensuração monetária requer uma dose considerável de objetividade, difícil de ser atendida em avaliações de ativos imateriais, como é o caso da marca.

Requisito essencial também para a conceituação do ativo é a sua potencialidade como **elemento gerador de benefícios presentes ou futuros**. Cada bem e direito deve ser constantemente analisado para se mensurar sua potencialidade de satisfação das necessidades da empresa. Caso percebamos que será muito difícil ou quase impossível a obtenção desses benefícios, podemos proceder à sua baixa. Exemplo disso seria um valor a receber de um cliente que teve esgotadas as possibilidades de cobrança.

3.1.1.1 Critérios de classificação do ativo

No ativo, as **contas** serão dispostas em **ordem decrescente do grau de liquidez** dos elementos registrados, ou seja, primeiro aparecem as contas que representam bens ou direitos mais rapidamente conversíveis em dinheiro, conforme preconiza o art. 178, parágrafo 1º, da Lei n. 6.404/1976. Exatamente por isso é que a conta *caixa* é a primeira a ser colocada no balanço patrimonial, pois representa o próprio dinheiro da empresa.

Portanto, a ordem em que os grupos e os subgrupos devem aparecer nas contas é a seguinte:

- **Ativo circulante** – São os bens e direitos realizáveis no curso do exercício social subsequente ou nos próximos 12 (doze) meses, conforme determina o art. 179, inciso I, da Lei n. 6.404/1976, ao estabelecer que serão classifcados "no ativo circulante: as disponibilidades, os direitos realizáveis no curso do exercício social subsequente e as aplicações de recursos em despesas do exercício seguinte" (Brasil, 1976b).

  A Resolução do CFC n. 1.185/2009 estabelece que o ativo deve ser classificado como *circulante* quando satisfizer qualquer dos seguintes critérios (CFC, 2009):

- seja realizado ou se pretende que seja vendido ou consumido no decurso normal do ciclo operacional da entidade;
- seja mantido essencialmente com o propósito de ser negociado;
- seja realizado até 12 (doze) meses após a data do balanço;
- seja caixa ou equivalente de caixa (conforme definido na NBC T3.8 – Demonstração dos Fluxos de Caixa), a menos que sua troca ou uso para liquidação de passivo se encontre vedada durante pelo menos 12 (doze) meses após a data do balanço.

- **Disponibilidades** – Referem-se aos saldos existentes no caixa e àqueles existentes nas contas-correntes em bancos, que são movimentadas por cheques. Exemplos: contas *caixa*, *bancos* e *aplicações de liquidez imediata*. O critério de avaliação da disponibilidade é o valor nominal dos elementos, com exceção das aplicações financeiras, que devem ser atualizadas monetariamente conforme o rendimento seja obtido, reconhecidos conforme o regime de competência.

- **Créditos** – São os direitos a receber, como títulos e duplicatas. Exemplos são as contas *duplicatas a receber, títulos a receber* e *provisão para créditos de liquidação duvidosa*.

- **Duplicatas a receber** – É o saldo ainda não recebido das vendas realizadas a prazo aos clientes da empresa. O critério de avaliação dos créditos a receber é seu valor líquido esperado de realização, ou seja, a empresa deve, periodicamente, proceder a uma análise dos riscos de perdas com esses créditos e, se for o caso, efetuar as devidas provisões para perdas, pois o saldo da conta deve representar sua expectiva de geração futura de caixa.

- **Provisão para devedores duvidosos** – É a conta redutora de *duplicatas a receber*. Trata-se de uma provisão constituída sobre possíveis perdas de duplicatas a receber que podem ocorrer por falta de pagamento dos clientes. Tais perdas nem sempre se realizam, mas é prudente realizar a provisão em cada exercício contábil.

- **Estoques** – Representam os bens adquiridos ou produzidos pela empresa, com o objetivo de venda ou utilização própria no curso normal de suas atividades. Nas empresas comerciais, compreendem o saldo existente de mercadorias adquiridas para revenda. Nas empresas industriais, são divididos em matéria-prima, produto em processo e produto acabado. As mercadorias comercializadas pela empresa, enquanto são mantidas em estoques para revenda, bem como outros itens que componham os estoques, serão avaliados por seus respectivos custos de aquisição, sendo que deverão ser ajustados pela respectiva provisão para ajuste a valor de mercado, caso esse seja inferior. É o que determina o inciso II do art. 183 da Lei n. 6.404/1976.

  - **Estoques de matéria-prima** – Representam o saldo das matérias-primas existentes na empresa e ainda não utilizados no processo de fabricação.

  - **Estoques de produtos em fabricação** – Indicam o saldo de produtos que estão sendo fabricados na data do balanço. O estoque de produtos em fabricação é composto de matérias-primas, salários e encargos do pessoal da fábrica, além dos outros custos indiretos de fabricação (energia, manutenção e limpeza, entre outros).

  - **Estoques de produtos acabados** – São o resultado final do processo de produção em uma indústria. Constituem o valor dos produtos que já estão prontos para a venda e cujo processo de produção já foi concluído.

- **Aplicações de recursos em despesas cujo benefício se dará no exercício seguinte** – São recursos aplicados pela empresa em direitos que se referem a exercícios futuros, ou seja, seus benefícios não se esgotam no momento da aplicação do recurso. Exemplos:

- **Despesas de seguros a apropriar** – A empresa faz o seguro de um veículo, cuja vigência da apólice é de um ano. Na contratação do seguro, a empresa adquire um direito em relação à seguradora, que será realizado à medida que os períodos contábeis ocorrerem. Nesse caso, todos os meses deve ser realizada a transferência da parcela mensal para despesa de seguros, pois o benefício daquele mês se exauriu.

- **Despesas financeiras pagas antecipadamante** – são despesas financeiras descontadas antecipadamente, nos casos de descontos de duplicatas ou de empréstimos bancários prefixados. Aqui, os juros se referem aos períodos futuros, conforme o prazo de amortização contratado, e serão apropriados nas despesas à medida que os períodos contábeis se sucederem, sempre em respeito ao princípio da competência.

3.1.1.2 Ativo não circulante

É um grupo novo trazido pela Lei n. 11.638, de 28 de dezembro de 2007 (Brasil, 2007), que substitui o **permanente**. Contém elementos que se realizam em moeda – aqueles que integram o **realizável a longo prazo** –, bem como aqueles que têm duração maior e são utilizados continuamente, como os **investimentos permanentes**, o **imobilizado** e o **intangível**.

3.1.1.3 Ativo realizável a longo prazo

Refere-se às contas representativas de **bens e direitos realizáveis após o término do exercício social seguinte, ou após o 12º mês da data de fechamento das demonstrações contábeis.** Classificam-se nesse subgrupo, também, os valores relativos a operações não usuais, realizadas com coligadas, controladas, sócios, acionistas e diretores. Engloba **valores de realização demorada e superior a um ano.** Os valores normalmente encontrados são pequenos (depósitos compulsórios, depósitos judiciais e outros). Eventualmente, são encontrados valores a receber de sócios, de diretores ou de empresas coligadas e controladas. Nesses casos, mesmo que seu recebimento ocorra em curto prazo, devem ser classificados em longo prazo por determinação do art. 179, inciso II, da Lei n. 6.404/1976:

- **Depósitos judiciais** – Referem-se ao saldo de depósitos realizados judicialmente sobre questões pendentes, como contestações de ações trabalhistas ou tributárias.

- **Investimentos** – São as participações permanentes em outras empresas. Exemplos: ações de outras empresas, provisão para perdas permanentes.

    De acordo com o art. 179, inciso III, da Lei n. 6.404/1976, devem ser classificados em investimentos: as participações permanentes em outras sociedades e os direitos de qualquer natureza, não classificáveis no ativo circulante e que não se destinem à manutenção da atividade da companhia ou da empresa.

    Os investimentos representam **aplicações de recursos no capital social de outras sociedades**, com intenção de permanência. Logo, não são aplicações temporárias ou meramente especulativas. Traduzem a estratégia da empresa de diversificar as atividades, pulverizando seu risco operacional – quando investe em atividades diferentes da sua –, ou de concentrar investimentos, aumentando a participação na mesma atividade e obtendo ganhos de escala, com vistas a uma maior rentabilidade.

Quanto aos **critérios** que serão utilizados para atribuição de valor aos investimentos permanentes, deve ser interpretado o **disposto na Lei Societária**. O art. 248 da Lei n. 6.404/1976 determina que, "no balanço patrimonial da companhia, os investimentos em coligadas ou em controladas e em outras sociedades que façam parte de um mesmo grupo ou estejam sob controle comum serão avaliados pelo método da equivalência patrimonial" (Brasil, 1976b).

Equivalência patrimonial é o critério de avaliação dos investimentos por meio do qual há o reconhecimento dos resultados obtidos pela empresa investida no valor do investimento da sociedade investidora, no momento em que esses resultados são gerados.

Fonte: Oliveira; Luz, 2012, p. 50.

Assim, o **método da equivalência**, diferentemente do critério de mensuração a valor de custo histórico, acompanha o **fato econômico**, ou seja, a **geração do resultado**, e não a distribuição efetiva deste. Conforme Iudícibus et al. (2022, p. 561), o conceito do método de equivalência patrimonial é baseado no fato de que "os resultados e quaisquer variações patrimoniais de uma controlada ou coligada devem ser reconhecidos (contabilizados) no momento de sua geração, independentemente de serem ou não distribuídos".

3.1.1.4 Ativo imobilizado

Nesse subgrupo do ativo, classificamos os **bens corpóreos**, que se destinam à **manutenção dos negócios da empresa** ou que são utilizados com essa finalidade. O inciso IV do art. 179 da Lei n. 6.404/1976 dispõe que, no ativo imobilizado, serão classificados os **direitos** que tenham como objeto bens corpóreos destinados à manutenção das atividades da companhia ou da empresa, ou sejam exercidos com essa finalidade, além dos decorrentes de operações que transfiram à companhia os benefícios, os riscos e o controle desses bens (Redação da Lei n. 11.638/2007). Exemplos: imóveis, instalações, móveis e utensílios, veículos, marcas e patentes, depreciação.

Como dissemos, o imobilizado diz respeito aos bens corpóreos que a empresa utiliza para manter sua atividade no mercado. Dependendo do ramo da empresa, ela terá maior ou menor necessidade de investir em estrutura física. Uma empresa de consultoria, de prestação de serviços, não necessita de muito imobilizado, ao contrário de uma indústria, que terá necessariamente de concentrar maior volume de investimentos nesses ativos.

O imobilizado se classifica, por natureza, em: **móveis e utensílios, máquinas, equipamentos, veículos** e **edificações**. Pela análise do imobilizado podemos verificar a capacidade de a empresa se manter no mercado.

O **critério de avaliação** dos bens componentes do imobilizado é o **valor de custo de aquisição, deduzido da depreciação acumulada**.

- **Depreciação acumulada** – É a conta redutora do imobilizado. Conforme estudamos anteriormente, *depreciação* é a perda de valor de alguma coisa, é a diminuição do seu valor. Em contabilidade, é o reconhecimento da despesa ou do custo relativo ao desgaste havido no ativo imobilizado, conforme a vida útil estimada desse bem, cujas causas são o uso, a ação da natureza ou a obsolescência. A **depreciação acumulada** mostra a **soma das depreciações ocorridas ao longo dos anos**. Ela é uma conta negativa que reduz o valor do imobilizado. O valor acumulado mostra o quanto a empresa já se apropriou do custo ou da despesa relativamente ao valor já consumido do seu imobilizado.

- **Intangível** – Neste subgrupo, classificamos os direitos que tenham como objeto **bens incorpóreos** (intangíveis) destinados a manter a atividade da companhia ou que serão utilizados com essa finalidade. A Lei n. 6.404/1976 determina que se inclua nesse subgrupo o fundo de comércio adquirido.

Exemplos: marcas e patentes adquiridas pela empresa e gastos com o desenvolvimento de novos produtos, que anteriormente eram classificados como ativos diferidos.

O **critério de avaliação** dos elementos do ativo intangível é o **valor original dos recursos aplicados.**

> **IMPORTANTE: CRITÉRIOS DE AVALIAÇÃO DOS ATIVOS E DOS PASSIVOS (MENSURAÇÃO)**
>
> A **mensuração**, na contabilidade, é o processo de **atribuição de valores monetários** a objetos ou eventos associados a uma empresa. Como exemplos de **objetos**, temos as contas a receber, as instalações, os equipamentos e as dívidas a longo prazo. Exemplos de **eventos** incluem as vendas de produtos e serviços e os pagamentos de dividendos. Antes de a mensuração ser realizada, deve ser selecionado um atributo específico a ser mensurado. No caso de contas a receber, os atributos escolhidos podem incluir o valor em reais a ser recebido e a data esperada de recebimentos. Os atributos de instalações e equipamentos podem incluir a capacidade física de produção, o dispêndio de recursos no ato da aquisição ou os recursos necessários para repor os ativos no presente momento.

Geralmente, a mensuração é pensada em **termos monetários**. Como os ativos apresentam diversos atributos, a mensuração e a publicação de mais de um atributo podem ser relevantes para os investidores e para outros usuários das demonstrações contábeis. Portanto, os conceitos de *avaliação* podem ser complementares, bem como substitutos um do outro. Por exemplo, "o custo corrente pode [...] ser um substituto do valor presente dos fluxos de caixa futuros, que é o atributo que realmente desejamos medir".

Fonte: Hendriksen; Van Breda, 1999, p. 304, grifo nosso.

Quadro 3.2 – Bases de mensuração

	Valores de entrada	Valores de saída
Passados	Custos históricos	Preços de vendas passadas
Correntes	Custos de reposição	Preço corrente de venda
Futuros	Custos esperados	Valor realizável esperado

- **Critérios de avaliação** – Os critérios de avaliação de ativos e passivos, para efeito de evidenciação, conforme dispositivos da Lei Societária, são aplicados dentro do regime de competência e, de forma geral, seguem sumariamente a orientação que expomos no Quadro 3.3 a seguir.

Quadro 3.3 – Demonstrações contábeis: modelos de representação da situação econômica e financeira II

Contas a receber	O valor dos títulos, menos provisão para reduzi-los ao valor provável de realização.
Valores mobiliários (temporários)	Ao custo de aquisição, acrescidos de juros e atualização devida e reduzidos ao preço de mercado, se este for menor.
Estoques	Ao custo de aquisição ou fabricação, reduzidos de provisão para ajustá-los ao preço de mercado, quanto este for inferior.

(continua)

(Quadro 3.3 - conclusão)

Ativo imobilizado	Ao custo de aquisição deduzido da depreciação, pelo desgaste ou perda de utilidade, amortização ou exaustão. Em certas circunstâncias, é admitida a reavaliação de ativos.
Investimentos relevantes em coligadas e controladas	Pelo método de equivalência patrimonial, ou seja, com base no valor do patrimônio líquido da coligada ou controlada, proporcionalmente à participação acionária.
Outros investimentos	Ao custo menos provisão para reconhecimento de perdas permanentes.
Ativo intangível	Ao custo deduzido de provisão para amortização.

3.1.2 Passivo: obrigações

Conforme o texto do documento emitido pelo Comitê de Pronunciamentos Contábeis[1] (CPC) – *Estrutura conceitual para relatório financeiro (Pronunciamento Conceitual Básico – R2)* –, o **passivo é uma obrigação presente da entidade, derivada de eventos passados, cuja liquidação se espera que resulte na saída de recursos da entidade, capazes de gerar benefícios econômicos.** Portanto, em algum momento futuro, o passivo exigirá o consumo de ativos para sua liquidação. Uma característica essencial para a existência de passivo é que a entidade tenha uma **obrigação presente**. Uma *obrigação* é um **dever** ou **responsabilidade** de agir ou desempenhar uma dada tarefa de certa forma. As obrigações podem ser legalmente exigíveis, em consequência de contrato ou de exigências estatutárias.

Normalmente, esse é o caso, por exemplo, das contas a pagar por bens e serviços recebidos. Entretanto, obrigações surgem também de práticas usuais do negócio, de usos e costumes, e do desejo de manter boas relações comerciais ou de agir de maneira equitativa.

As **obrigações com terceiros** referem-se a **dívidas com credores externos**, que destinam recursos à empresa e que não fazem parte dela (não são sócios), daí a expressão *com terceiros*; são

[1] O CPC foi criado com o objetivo de estudar, preparar e emitir "Pronunciamentos Técnicos sobre procedimentos de Contabilidade e a divulgação de informações dessa natureza, para permitir a emissão de normas pela entidade reguladora brasileira, visando à centralização e uniformização do seu processo de produção, levando sempre em conta a convergência da Contabilidade Brasileira aos padrões internacionais" (CPC, 2014). No caso do pronunciamento que mencionamos no texto, conhecido também como *CPC 00*, trata da estrutura conceitual básica da contabilidade e aborda os seguintes assuntos: a) o objetivo da elaboração e da divulgação de relatório contábil-financeiro; b) as características qualitativas da informação contábil-financeira útil; c) a definição, o reconhecimento e a mensuração dos elementos por meio dos quais as demonstrações contábeis são elaboradas; e d) os conceitos de capital e de manutenção de capital. Consultas: CPC – Comitê de Pronunciamentos Contábeis. Disponível em: <http://www.cpc.org.br/CPC>. Acesso em: 30 set. 2014.

também conhecidas como *passivos exigíveis*, porque são dívidas que apresentam um valor certo ou facilmente estimável de liquidação, bem como uma data certa ou prevista para pagamento.

Por outro lado, os **recursos próprios** são fontes internas representadas por aportes de capitais de sócios ou acionistas e de capitalização de lucros constantes do patrimônio líquido. São conceituados como *passivos não exigíveis* porque, embora se refiram a obrigações da entidade para com seus sócios, não é possível definir uma data certa de devolução desses capitais nem o valor que será devolvido quando de uma possível retirada de um sócio da sociedade.

Esse é o teor do CPC, o qual expressa de forma clara e objetiva o conceito de *passivo* e sua caracterização.

As **contas** serão dispostas em **ordem decrescente** do **grau de exigibilidade dos elementos registrados no passivo**, ou seja, aparecem primeiro as contas representativas das dívidas com menor tempo para pagamento.

O art. 178 da Lei n. 6.404/1976, em seu parágrafo 2º, determina que as contas do passivo sejam classificadas nos seguintes grupos:

> Art. 178 [...]
> §2º [...]
> I – passivo circulante;
> II – passivo não circulante;
> III – patrimônio líquido, dividido em capital social, reservas de capital, ajustes de avaliação patrimonial, reservas de lucros, ações em tesouraria e prejuízos acumulados. (Brasil, 1976b)

A seguir, apresentamos a ordem em que os grupos e subgrupos de contas devem aparecer.

3.1.2.1 Passivo circulante

O passivo circulante é também denominado *recursos de terceiros de curto prazo* ou *dívidas de curto prazo*. É composto de dívidas com fornecedores, salários e encargos a pagar, impostos a pagar, empréstimos bancários e contas a pagar, entre outras contas. As dívidas da entidade, incluindo os financiamentos para a aquisição de itens do ativo não circulante, serão classificadas no passivo circulante quando tiverem seus vencimentos durante o transcurso do exercício social seguinte (próximos 12 meses), e no passivo não circulante, se tiverem vencimento em prazo maior do que um ano.

Conforme dispõe o item 69 da Resolução CFC n. 1.185/2009 (alterada posteriormente pela Resolução CFC n. 1.376/2011):

> O passivo deve ser classificado como circulante quando satisfizer qualquer dos seguintes critérios:
>
> a. espera-se que seja liquidado durante o ciclo operacional normal da entidade;
>
> b. está mantido essencialmente para a finalidade de ser negociado;
>
> c. deve ser liquidado no período de até doze meses após a data do balanço; ou
>
> d. a entidade não tem direito incondicional de diferir a liquidação do passivo durante pelo menos doze meses após a data do balanço (ver item 73). Os termos de um passivo que podem, à opção da contraparte, resultar na sua liquidação por meio da emissão de instrumentos patrimoniais não devem afetar a sua classificação. (Redação alterada pela Resolução CFC n. 1.376/11). (CFC, 2011b)

As **contas** mais comumente classificadas no passivo circulante são as seguintes:

- **Fornecedores** – Representa o saldo das dívidas de curto prazo resultantes das compras a prazo de mercadorias (comércio) ou matérias-primas e embalagens (indústria).

- **Contas a pagar** – Contém as contas e despesas a pagar, tais como luz, água, telefones, aluguéis, serviços de consultores, advogados ou auditores, propaganda, material de limpeza, material de escritório, entre outras.

- **Dividendos a pagar** – Refere-se ao saldo de dividendos que ainda não foram pagos aos acionistas ou sócios. Sempre que os sócios decidirem pela retirada de lucros, o contador reduz o valor de *lucros acumulados no patrimônio líquido* e passa o valor para *dividendos a pagar*, constituindo-se, assim, uma dívida com prazo certo para pagamento.

- **Salários e encargos a pagar** – Diz respeito ao saldo a pagar dos salários e dos encargos que incidem sobre eles (INSS, FGTS, férias e 13º salário).

- **Empréstimos bancários** – Abrange basicamente os saldos e empréstimos ou financiamentos bancários de curto prazo ainda não pagos na data do balanço. Os valores dos empréstimos serão corrigidos e acrescidos de juros ainda não pagos até a data do balanço.

- **Duplicatas ou títulos descontados** – Comumente, as empresas apresentam a necessidade de recorrer a instituições de crédito para obter recursos para o financiamento do seu capital de giro. Uma das alternativas, nesses casos, é o denominado *desconto de duplicatas* ou qualquer outro título representativo de um direito que a empresa tenha com um terceiro. Em essência, essa operação financeira assemelha-se a um **empréstimo**, cujo título é dado em garantia. O registro será efetuado debitando-se a conta *bancos–conta-corrente*, com a contrapartida sendo registrada na conta *duplicatas descontadas*, no passivo.

- **Adiantamentos de clientes** – Representam valores pagos antecipadamente pelos clientes, por conta de fornecimento de mercadorias. Se a empresa não entregar a mercadoria, é obrigada a devolver ao cliente os valores recebidos antecipadamente.

- **Adiantamento sobre contratos de câmbio (ACC)** – Esta conta é utilizada quando ocorre uma operação cambial, na qual o exportador fecha ou contrata o câmbio antes da entrega dos documentos de embarque relativos à exportação. Nesse caso, o exportador contrata a venda de moeda estrangeira, a um banco, por um valor em reais. A operação de câmbio é liquidada quando o importador efetua o pagamento no exterior. Assemelha-se ao **desconto de títulos** (duplicatas, cheques) em operações comerciais normais, equivalendo também a um empréstimo.

- **Impostos a pagar** – Indica o saldo de impostos originados pelas vendas e que ainda não foram pagos, dos quais os mais comuns são Imposto sobre Operações Relativas à Circulação de Mercadorias e sobre Prestações de Serviços de Transporte Interestadual, Intermunicipal e de Comunicação (ICMS), Imposto sobre Produtos Industrializados (IPI), Imposto sobre Serviços de Qualquer Natureza (ISS), Programa de Integração Social (PIS) e Contribuição para Financiamento da Seguridade Social (Cofins). Aí também pode estar incluído o Imposto de Renda Retido na Fonte (IRFF).

- **Imposto de Renda a pagar** – Representa a dívida de IR sobre os lucros da empresa no ano.

3.1.2.2 Passivo não circulante

O passivo não circulante representa as **dívidas de longo prazo** e que serão pagas a partir de 365 dias após a data do balanço ou balancete. É chamado também de *recursos de terceiros de longo prazo*, ou *fontes de longo prazo*. Essas dívidas serão transferidas para o passivo circulante sempre que faltar menos de um ano para o seu pagamento.

No passivo não circulante, geralmente encontramos contas contábeis representativas de operações com instituições financeiras e provisões de longo prazo:

- **Financiamentos** – Trata-se de um título que equivale a recursos obtidos com instituições financeiras para a aquisição de investimentos, como máquinas e equipamentos. Nos financiamentos, normalmente a empresa não recebe o recurso, mas sim o bem financiado, uma vez que o recurso é repassado pelo agente financiador diretamente ao vendedor. No saldo dos financiamentos, são incorporados os juros e as variações monetárias ainda não pagos.

- **Empréstimos** – Os valores relativos a empréstimos dizem respeito a recursos obtidos pelas entidades para o financiamento do capital de giro. Nesses casos, os recursos são recebidos diretamente pela entidade, reforçando o seu disponível. Nas parcelas de longo prazo dos empréstimos, incorporam-se os juros e as variações monetárias que indexam o contrato.

- **Impostos parcelados** – São as dívidas de impostos atrasados que a empresa parcelou para pagar a longo prazo. O parcelamento pode ser espontâneo ou forçado pela fiscalização, sendo que seu valor será atualizado por multas, juros e atualização monetária ainda não pagos.

São incluídas no passivo circulante as primeiras 12 (doze) parcelas, permanecendo no longo prazo apenas as demais, cujo vencimento seja maior do que 365 dias.

3.1.2.3 Patrimônio líquido

De acordo com a Lei n. 6.404/1976, são classificadas no patrimônio líquido as seguintes contas representativas:

- dos investimentos dos proprietários na empresa;
- das reservas de lucros oriundas de lucros obtidos pela empresa;

- dos ajustes de avaliação patrimonial;
- das ações em tesouraria;
- dos prejuízos acumulados.

Chamado de *capital próprio* ou de *recursos próprios*, o patrimônio líquido também é constituído essencialmente pelos **recursos fornecidos pelos sócios e pelos lucros que permanecem na empresa**, além de ser conhecido como o **resultado da diferença entre ativo e passivo**, ou o valor contábil pertencente aos acionistas ou sócios da empresa.

A contabilidade considera o patrimônio líquido como um **passivo**, pelo fato de os recursos que compõem esse grupo pertencerem aos sócios ou acionistas. Caso ocorra a retirada de um desses participantes do capital da sociedade, ele receberá de volta seu capital aplicado mais os rendimentos deste – os lucros obtidos.

Consideramos o patrimônio líquido como *passivo* por decorrer da premissa do **princípio da entidade**, que determina a distinção clara entre o sócio (investidor) e a sociedade (investida). Se o sócio tem um direito em relação à sociedade, esta terá uma obrigação – embora não exigível – em relação ao sócio.

Os elementos que compõem o patrimônio líquido são representativos do capital social, dos lucros retidos e das demais reservas, como segue:

- **Capital social** – Representa o valor do capital social (investimento realizado pelos sócios) constante nos estatutos e registrado na Junta Comercial, devidamente integralizado. O capital sempre se divide em **ações** ou **cotas**. Os aumentos de capital podem ser realizados com a entrega de recursos pelos sócios ou por incorporação de reservas de capital ou de lucros. A decisão de aumentar o capital cabe à maioria dos sócios com direito a voto.

- **Reservas de capital** – Trata-se de reservas constituídas por valores recebidos pelas entidades, mas que não transitam pelo resultado – uma vez que não se enquadram no conceito de *receita* –, pois são verdadeiros "reforços do capital". Nesses casos, não vislumbramos nenhum esforço por parte da empresa em termos de transferência da propriedade de bens ou de prestação de serviços. Como exemplo, podemos indicar as reservas de ágio na emissão de ações e a alienação de partes beneficiárias e de bônus de subscrição. As reservas de capital somente podem ser utilizadas nos seguintes casos:

  a) para absorção de prejuízos, quando estes ultrapassarem as reservas de lucros;

  b) no resgate, reembolso ou compra de ações;

  c) no resgate de partes beneficiárias;

  d) para incorporação ao capital social;

  e) no pagamento de dividendos cumulativos a ações preferenciais, quando eventualmente essa situação estiver prevista no estatuto social.

- **Reservas de lucros** – São reservas constituídas pela apropriação de lucros da empresa, como notamos pelo teor do art. 182, parágrafo 4º, da Lei n. 6.404/1976: "serão classificados como reservas de lucros as contas constituídas pela apropriação de lucros da companhia" (Brasil, 1976b). Essas reservas são constituídas sobre a parcela dos lucros que não foram distribuídos aos sócios ou que não tiveram destinação específica e, assim, fortalecem a estrutura financeira da empresa. Outras podem ser constituídas, por decisão dos sócios ou por imposição legal, como no caso da reserva legal:

  - **Reserva legal** – É estabelecida no montante de 5% (cinco por cento) do lucro líquido do exercício, antes de qualquer outra destinação. Será constituída, obrigatoriamente, pela companhia, até que seu valor atinja 20% (vinte por cento) do capital social realizado, quando então deixará de ser acrescida. Também poderá deixar de ser constituída quando seu saldo, acrescido dos saldos das reservas de capital – previstas no art. 182, parágrafo 1º, da Lei n. 6404/1976 –, exceder 30% (trinta por cento) do capital social.

- **Reservas estatutárias** – São constituídas por determinação expressa do estatuto da companhia, como destinação de parcelas dos lucros do exercício; porém, não poderão ser constituídas com o prejuízo do pagamento dos dividendos obrigatórios. Deverão ter finalidade, critério e limite máximos claramente definidos no estatuto.

- **Reservas para contingências** – Conforme o art. 195 da Lei n. 6.404/1976, a partir de proposta formulada pelos órgãos de administração, a assembleia geral pode destinar parte do lucro líquido à constituição dessa reserva com o objetivo de compensar a redução do lucro, decorrente de perda julgada provável, em exercício futuro, cujo valor possa ser estimado.

- **Reservas de lucros a realizar** – Serão constituídas nos casos em que a distribuição dos dividendos obrigatórios comprometa a situação financeira da empresa, ou seja, quando o resultado do exercício apresentar receitas de vendas a longo prazo e, portanto, que ainda não foram realizadas financeiramente:

> Art. 197. No exercício em que o montante do dividendo obrigatório, calculado nos termos do estatuto ou do art. 202, ultrapassar a parcela realizada do lucro líquido do exercício, a assembleia-geral poderá, por proposta

dos órgãos de administração, destinar o excesso à constituição de reserva de lucros a realizar.

§1º Para os efeitos deste artigo, considera-se realizada a parcela do lucro líquido do exercício que exceder da soma dos seguintes valores:

I – o resultado líquido positivo da equivalência patrimonial (art. 248); e

II – o lucro, rendimento ou ganho líquidos em operações ou contabilização de ativo e passivo pelo valor de mercado, cujo prazo de realização financeira ocorra após o término do exercício social seguinte.

§2º A reserva de lucros a realizar somente poderá ser utilizada para pagamento do dividendo obrigatório e, para efeito do inciso III do art. 202, serão considerados como integrantes da reserva os lucros a realizar de cada exercício que forem os primeiros a serem realizados em dinheiro. (Brasil, 1976b)

- **Retenção de lucros (reservas para expansão)** – Será constituída quando a companhia pretender efetuar investimentos e expansão, podendo, para isso, reter parte dos lucros do exercício. Essa retenção deverá estar justificada com o respectivo orçamento de capital aprovado pela assembleia geral, conforme previsto no art. 196 da Lei n. 6.404/1976.

- **Reservas de incentivos fiscais** – As doações e as subvenções para investimentos recebidas pela empresa serão classificadas inicialmente como *receita do exercício*, afetando o lucro líquido do período. Porém, a parcela do lucro líquido gerada por essas entradas de recursos poderá ser destinada para a formação da reserva de incentivos fiscais, como preceitua o art. 195-A da Lei das Sociedades por Ações, como indicamos a seguir:

Art. 195-A. A assembleia geral poderá, por proposta dos órgãos de administração, destinar para a reserva de incentivos fiscais a parcela do lucro líquido decorrente de doações ou subvenções governamentais para investimentos, que poderá ser excluída da base de cálculo do dividendo obrigatório (inciso I, do *caput* do art. 202 desta Lei). (Brasil, 1976b)

Essa classificação é uma alternativa que a empresa poderá adotar para não pagar dividendos sobre os lucros obtidos com esses recursos recebidos.

- **Prejuízos acumulados** – A partir da publicação da Lei n. 11.638/2007, não existe mais a possibilidade de manter saldo em lucros acumulados para as sociedades por ações. O item *prejuízos acumulados* representa o saldo dos prejuízos do ano e de anos anteriores. Entretanto, sempre que possível, o prejuízo deve ser absorvido pelos lucros acumulados, pelas reservas de lucros e pela reserva legal, nessa ordem, como determina o art. 189, parágrafo único, da Lei n. 6.404/1976.

É importante ressaltarmos que, para as demais sociedades – representadas em sua grande maioria pelas **limitadas**, excetuando-se aquelas consideradas de grande porte e sujeitas à Lei n. 6.404/1976, por força do art. 3º, combinado com seu parágrafo único, da Lei n. 11.638/2007[2] –, a conta *lucros acumulados* poderá continuar apresentando saldo nos balanços encerrados a partir de 31 de dezembro de 2008.

É o entendimento que extraímos da análise do teor da Resolução CFC n. 1.157/2009, que assim se manifesta:

> 115. A obrigação de essa conta não conter saldo positivo aplica-se unicamente às sociedades por ações, e não às demais, e para os balanços do exercício social terminado a partir de 31 de dezembro de 2008. Assim, saldos nessa conta precisam ser totalmente destinados por proposta da administração da companhia no pressuposto de sua aprovação pela assembleia geral ordinária.

116. Essa conta continuará nos planos de contas, e seu uso continuará a ser feito para receber o resultado do exercício, as reversões de determinadas reservas, os ajustes de exercícios anteriores, para distribuir os resultados nas suas várias formas e destinar valores para reservas de lucros. (CFC, 2009)

- **Ajustes de avaliação patrimonial** – Esta conta foi criada recentemente pela Lei n. 11.638/2007, que a incluiu no patrimônio líquido. Serão classificadas como ajustes de avaliação patrimonial – enquanto não computadas no resultado do exercício, em obediência ao regime de competência – as contrapartidas de aumentos ou reduções de valor atribuídos a elementos do ativo e do passivo, em decorrência da sua avaliação a valor justo. São classificadas nessa conta, por exemplo, as variações a preços de mercado dos instrumentos financeiros e as eventuais diferenças nos valores de ativos e passivos, avaliados a preços de mercado nas operações societárias (fusão, cisão e incorporação).

- **Critérios de avaliação** – Os critérios de avaliação dos passivos – para efeitos de evidenciação, conforme dispositivos na Lei Societária – são aplicados dentro do regime de competência e, de forma geral, seguem sumariamente a seguinte orientação:

Quadro 3.4 – Critérios de avaliação dos elementos do passivo

Exigibilidades	Pelos valores reconhecidos ou calculáveis para as obrigações, encargos e riscos, incluindo o Imposto de Renda e os dividendos propostos. Para empréstimos e financiamentos sujeitos à atualização monetária ou pagáveis em moeda estrangeira, pelos valores atualizados até a data do balanço.
Patrimônio líquido	Os investimentos e reinvestimentos (lucros retidos) e demais reservas constituídas serão avaliados pelos respectivos valores originais de formação.

Fonte: Iudícibus, 2021.

3.1.2.4 Importante: diferença entre **reservas** e **provisões**

Seguidamente ocorre uma confusão conceitual entre as **reservas** e as **provisões**. As duas contas se referem a espécies de **retenção de valores** para **fazer frente a um evento futuro e incerto**. Entretanto, existem claras **diferenças** entre ambas. As **provisões** são constituídas como **redutoras do ativo** ou como **obrigações no passivo**, ao passo que as **reservas** têm origem no **patrimônio líquido**, como **destinações de resultados já apurados**. Portanto, percebemos que as provisões afetam o resultado do exercício, reduzindo-o; já as reservas, não, pois são destinações de um resultado já apurado e transferido para o patrimônio líquido. Quando se constitui uma provisão, o fato gerador dela já ocorreu e, no caso das reservas, o fato ainda está para ocorrer.

3.2 Demonstrações contábeis: demonstração do resultado do exercício (DRE)

Relatório contábil obrigatório por força da Lei n. 6.404/1976, a **demonstração do resultado do exercício** (DRE) representa o desempenho da empresa em termos de receita, despesa e lucro.

3.2.1 Modelo de representação da rentabilidade das empresas

Conforme o Pronunciamento Técnico CPC 26 – Apresentação das Demonstrações Contábeis, as empresas devem apresentar todas as mutações do patrimônio líquido reconhecidas em cada exercício e que não representem transações entre a empresa e seus sócios em duas demonstrações: a **demonstração do resultado do exercício (DRE)** e a **demonstração do resultado abrangente do período (DRA)** (CPC, 2011b).

As duas demonstrações que mencionamos são **modelos** que representam a **situação econômico-financeira de uma entidade** em um determinado momento. A adequada compreensão, por parte do usuário, em relação à estrutura, à forma e ao conteúdo desses demonstrativos é imprescindível para a gestão empresarial.

3.2.2 Demonstração do resultado do exercício (DRE)

A DRE é um relatório que expressa o montante de receitas e despesas geradas em determinado período e que, em observância ao princípio da competência, serão escrituradas nesse mesmo período. É elaborada concomitantemente ao balanço patrimonial e demais relatórios obrigatórios, por força da Lei n. 6.404/1976. Podemos dizer que se trata de um **resumo das operações realizadas pela empresa no decorrer de determinado período de tempo, as quais envolvem uma receita e um consumo de recursos** (gasto ou perda). Esse relatório fornece, ao gestor, um dos valores mais importantes dos negócios, que é o **resultado (lucro ou prejuízo) líquido do exercício**.

Essa demonstração deve ser estruturada de forma dedutiva, contemplando primeiramente todas as **receitas** (ganhos), bem como as **despesas** e os **custos** (gastos) ocorridos em um exercício, que formaram o **resultado** desse período.

A demonstração do resultado proporciona o estudo da estrutura, a formação e a composição do resultado de um determinado exercício social. Por meio de sua análise, podemos compreender o desempenho econômico e financeiro de qualquer atividade.

> Os critérios de avaliação de ativos e passivos monetários, bem como os critérios utilizados para efetuarmos as provisões, podem influenciar – para mais ou para menos – o resultado empresarial, e isso representa a maior ou menor possibilidade de a entidade se manter no mercado, uma vez que é a remuneração que ela está obtendo pelo capital aplicado.

> A DRE é composta por receitas e despesas reconhecidas ou apropriadas em obediência ao princípio da competência. **Receita** é a contrapartida que a empresa obtém por uma venda efetuada ou por um serviço prestado. As receitas originam-se da **atividade comercial da entidade**, mas também podem ter origem em uma atividade secundária, a **atividade financeira**. Nesses casos, derivam de rendimentos obtidos de aplicações financeiras, de descontos obtidos em negociações com fornecedores e também de juros cobrados dos clientes, quando do recebimento de títulos com atraso.
>
> Fonte: Oliveira; Luz, 2012, p. 50, grifo nosso.

Sob uma perspectiva mais sofisticada, a *receita* é considerada uma

> expressão monetária dos produtos ou serviços agregados transferidos por uma empresa a seus clientes num período. Ou ainda, receitas são entradas ou outros aumentos de ativos de uma entidade, ou liquidações de seus passivos (ou ambos), decorrentes da entrega ou produção de bens, prestação de serviços, ou outras atividades correspondentes a operações normais ou principais da entidade. (Iudícibus, 2021, p. 149)

Devemos destacar ainda que *receita* não tem o mesmo significado de *ganho*, embora seguidamente ocorra confusão entre esses conceitos. **Receita** é um recurso corrente gerado pela atividade operacional da empresa; por outro lado, o **ganho** decorre de algo extraordinário, eventual, e que não ocorrerá normalmente em todos os meses.

A **despesa** é outro elemento componente do resultado das entidades. As despesas são **recursos consumidos no esforço da entidade para obtenção das receitas** e devem ser reconhecidas no mesmo instante em que as receitas o são. Essa confrontação é que permite a mensuração do resultado no momento em que este é gerado. As **perdas** são consumos extraordinários de recursos e, assim como os ganhos, são periféricas às atividades da empresa.

Segundo Hendriksen e Van Breda (1999), os princípios da contabilidade determinam que a **receita** e os **lucros** devem ser reconhecidos nas demonstrações contábeis quando os seguintes critérios forem atendidos:

a) Deve ter sido acrescentado valor, pela empresa, a seu produto.

b) O nível da receita deve ser mensurável.

c) A mensuração deve ser verificável e relativamente isenta de distorções.

d) Deve ser possível estimar as despesas correspondentes com um grau razoável de precisão.

As receitas devem, em regra, ser reconhecidas o mais rapidamente possível após a mensuração do aumento de valor, conforme apresentado no Quadro 3.5.

Quadro 3.5 – Reconhecimento das receitas

Época de registro	Critérios	Exemplos
Durante a produção	Estabelecimento de um preço firme baseado em um contrato ou em condições gerais de negócio, ou existência de preços de mercado em vários estágios de produção.	Contratos a longo prazo; crescimento natural.
Na conclusão da produção	Existência de preço de venda determinável ou preço de mercado estável. Não há custo substancial de venda.	Metais preciosos, produtos agrícolas, serviços.
No momento da venda	Preço determinado para o produto. Método razoável de estimação do montante a ser recebido. Estimação de todas as despesas significativas associadas.	Maioria das vendas de mercadorias.
No momento do pagamento	Impossível avaliar ativos recebidos com grau razoável de exatidão. Despesas adicionais significativas prováveis, que não podem ser estimadas com grau razoável de precisão no momento da venda.	Vendas à prestação, trocas por ativos fixos sem valor determinável com precisão.

Todos os relatórios contábeis se complementam no objetivo de informar aos usuários a situação econômica e financeira da empresa. Pela utilização da DRE, podemos realizar análises, estudos e interpretações das **variações ocorridas entre um período e outro**, além de analisarmos a **evolução econômica e financeira do negócio**, elaborarmos novos planos e objetivos etc. – basta que busquemos informações e dados que estão disponíveis na contabilidade.

O art. 187 da Lei n. 6.404/1976 determina que a DRE seja **estruturada** na ordem de apresentação de **receitas, custos e despesas**. Cumpre destacarmos o teor do parágrafo 1º do citado artigo, o qual define dois aspectos fundamentais que devem orientar a contabilidade no registro contábil de receitas, custos e despesas, conforme vemos a seguir:

> Art. 187. [...]
> §1º Na determinação do resultado do exercício serão computados:
> a) as receitas e os rendimentos ganhos no período, independentemente da sua realização em moeda e
> b) os custos, despesas, encargos e perdas, pagos ou incorridos, correspondentes a essas receitas e rendimentos. (Brasil, 1976b)

O texto desse artigo expressa fundamentalmente um dos pressupostos básicos presentes no Pronunciamento Conceitual Básico (R1), denominado *princípio da competência*, o qual determina que haja o adequado confronto entre receitas e despesas, conforme está formalizado no item 4.50 do Pronunciamento Conceitual Básico – "Estrutura conceitual relatório contábil financeiro" (CPC 00 R2):

> 4.50. As despesas devem ser reconhecidas na demonstração do resultado com base na associação direta entre elas e os correspondentes itens de receita. Esse processo, usualmente chamado de confrontação entre despesas e receitas (regime de competência), envolve o reconhecimento simultâneo ou

combinado das receitas e despesas que resultem diretamente ou conjuntamente das mesmas transações ou outros eventos. (CPC, 2011a)

Iudícibus et al. (2022, p. 561) afirmam que, por decorrência desse pressuposto:

> a receita de venda é contabilizada por ocasião da venda e não quando de seu recebimento; a despesa de pessoal é reconhecida no mês em que se recebeu tal prestação, mesmo sendo paga no mês seguinte; uma compra de matéria-prima é contabilizada quando do recebimento da mercadoria e não quando do seu pagamento e a despesa do imposto de renda é registrada no mesmo período dos lucros a que se refere e não no exercício seguinte, quando é declarada e paga.

Quadro 3.6 – Estrutura da DRE

Receita bruta de vendas
(–) Deduções da receita bruta (impostos sobre vendas, devoluções, abatimentos)
(=) Receita líquida de vendas
(–) Custo das mercadorias vendidas
(=) Resultado/lucro bruto (lucro ou prejuízo)
(–) Despesas operacionais Despesas gerais e administrativas Despesas comerciais Outras receitas e despesas operacionais
(=) Resultado operacional antes dos efeitos financeiros
Encargos financeiros líquidos (despesas financeiras deduzidas das receitas financeiras)
(=) Resultado operacional
(–) Outras receitas e outras despesas Resultado da equivalência patrimonial (+/–) Vendas/custos (vendas de itens do não circulante) resultado de operações descontinuadas
(=) Resultado do exercício (lucro ou prejuízo) antes dos tributos sobre o lucro
(–) Despesa com provisão para Imposto de Renda e Contribuição Social
Participações (debêntures, empregados, administradores e partes beneficiárias)
(=) Resultado líquido do exercício

Percebemos, pela estrutura da DRE, que o critério de disposição das contas considera a relação mais próxima e direta do recurso consumido com a receita gerada. Com efeito, quanto mais direto, proporcional e próximo da receita está o recurso despendido para obter essa receita, mais próximo dela será demonstrado. Dessa forma, visualizamos mais fácil e racionalmente a relação entre os **recursos consumidos** e os **benefícios (receitas) gerados**. Por essa perspectiva, também é possível atribuimos **responsabilidades** a determinadas áreas pelos valores que compõem a estrutura desse relatório.

Da **receita bruta** são deduzidos os **custos** diretamente associados à sua obtenção – nas indústrias, *custo do produto vendido*; no comércio, *custo da mercadoria vendida*; nas prestadoras de serviços, *custo do serviço prestado*. Portanto, podemos considerar que o **lucro bruto** é de responsabilidade direta das **áreas comercial**, de **produção** e de **compras**. Após o resultado bruto, ocorre a dedução dos gastos incorridos nas áreas de **apoio administrativo, comercial** e **financeira**. Nesses departamentos, os recursos são consumidos com vistas a remunerar os serviços necessários para oferecer à empresa as condições de vender os produtos e administrar o negócio. Temos, então, que a responsabilidade pelo **resultado operacional** (lucro ou prejuízo) abarca uma gama maior de áreas, cada uma com suas atribuições específicas e sua contribuição ao resultado.

Vale dizermos que todas as áreas e os serviços são necessários e úteis para a empresa atingir um resultado positivo; caso contrário, os recursos consumidos são efetivamente desperdiçados. O esforço da empresa para gerar um resultado operacional positivo pode ficar comprometido quando se considera onerosa a remuneração paga aos **capitais de terceiros** (empréstimos e financiamentos bancários), pois essa remuneração é fixa (com juros e variação monetária) e poderá consumir todo o resultado operacional, caso seu montante seja elevado.

Do resultado operacional, parte será consumida pela **tributação** (tributos sobre o lucro); nesse caso, a empresa pouco ou nada poderá fazer para minimizar o efeito em seu resultado, uma vez que é obrigada a contribuir para o governo com um percentual fixo sobre o resultado operacional.

Podemos afirmar, em suma, que **todos os agentes que contribuem para o resultado serão remunerados** (fornecedores, empregados, governo e bancos, entre outros), bem como que **o objetivo maior da empresa é estabelecer um modelo de gestão que lhe permita gerar receitas sempre em volume superior à remuneração**, que deve pagar às pessoas que contribuem direta e indiretamente para a consecução desse objetivo.

3.3 Conteúdo das contas

Vejamos como se compõem as contas da DRE, ou seja, qual o conteúdo que cada uma delas apresenta.

- **Receita bruta de vendas** – É a soma de todas as vendas, à vista ou a prazo, realizadas pela empresa durante todo o período. A receita de vendas é registrada na data de sua ocorrência, independentemente de ter sido recebida ou não. O registro é realizado sempre pelo valor total de venda, sem dedução de impostos ou custos.

- **Impostos sobre vendas** – Representa os impostos que incidem sobre o faturamento da empresa. Os mais comuns são: ICMS, IPI, PIS, Cofins e ISS.

- **Receita líquida de vendas** – Contempla as receitas provenientes das vendas de produtos ou da prestação de serviços, oriundos da atividade operacional da empresa, já deduzidas de impostos e devoluções. Pode aparecer com outros nomes, como *vendas líquidas* ou *receita operacional líquida*. O saldo dessa conta é o resultado das *vendas brutas* deduzido dos *impostos e devoluções* quando é estruturada a DRE. É a conta de receita mais importante para a análise financeira, pois gera os recursos financeiros para o gerenciamento do fluxo de caixa.

- **Custos das mercadorias vendidas** – Trata-se de todos os custos incorridos na compra das mercadorias que serão vendidas, incluindo os gastos com fretes e seguros, que serão incluídos no valor do custo. Esse valor é sempre resultante da venda de estoque e representa o valor do custo do estoque que foi vendido.

- **Resultado bruto ou lucro bruto** – Deve ser demonstrado neste grupo o ganho ou a perda bruta comercial da atividade (seja industrial, comercial ou de serviços). Mensura a rentabilidade bruta, ou seja, o quanto a empresa ganhou com a atividade de comprar, produzir e/ou comercializar as mercadorias ou produtos e, portanto, indica a possibilidade de cobertura dos demais gastos (despesas operacionais, tributação e despesas financeiras), que serão demonstrados na sequência, além de proporcionar um resultado líquido positivo, capaz de remunerar o capital que os sócios investiram na atividade.

- **Despesas gerais e administrativas** – Engloba todas as despesas relacionadas à área administrativa da empresa, como contabilidade, tesouraria, recursos humanos, financeiro (contas a pagar, crédito e cobrança), faturamento, controladoria, tecnologia de informação, diretoria administrativo-financeira, serviços gerais (copa, limpeza, *office boys*), entre outras. As despesas incorridas nessas áreas (salários, encargos, materiais de escritório, despesas de viagens, condução, aluguéis e outras), são incluídas neste grupo desde que se relacionem à administração. Aqui, é importante que a empresa classifique os gastos também por área (*centro de despesas* ou *centro de custos*), para que possa acompanhar o comportamento desses valores não apenas por natureza (salários, materiais de escritório), mas pelos locais (departamentos) em que esses recursos foram consumidos.

- **Despesas comerciais** – São despesas relacionadas às atividades de comercialização, promoção e venda dos produtos, como os departamentos de vendas, de *marketing*, de promoção e de propaganda. As despesas incorridas nessas áreas – salários e comissões de vendedores, encargos sociais, despesas de viagens, materiais de escritório, despesas de propaganda, promoções de eventos, folhetos, aluguéis e outras – são incluídas nesta conta desde que se relacionem à venda e à comercialização dos produtos. Neste grupo também se classifica a despesa com a provisão constituída relativamente às expectativas de perdas de créditos com clientes (*provisão para créditos de liquidação duvisosa*).

- **Resultado operacional** – Antes dos efeitos financeiros, refere-se ao resultado que mensura a rentabilidade oriunda da atividade operacional da empresa nas atividades de compra, produção, vendas e administração da sua estrutura. No Brasil, optou-se por dividi-lo em dois, para que possa ser mensurado antes das receitas e despesas financeiras: *resultado operacional puro*, sem a dependência dos recursos via empréstimos e financiamentos bancários, por exemplo, e *resultado operacional líquido dos efeitos financeiros*.

- **Resultado financeiro líquido (receitas financeiras deduzidas das despesas financeiras)** – No Brasil, considera-se ***operacional*** porque se entende que são valores ativos e passivos financeiros que correspondem a complementos da atividade operacional. Observemos que, quando a empresa paga despesas financeiras, é porque buscou recursos financeiros para complementar suas fontes operacionais ou porque não tinha recursos financeiros para pagar os passivos nas datas contratadas e consumiu caixa pagando juros por atraso. Porém, quando obtém receitas financeiras, é porque, em regra, aplicou excedentes de caixa – gerados por sua atividade operacional – e obteve uma remuneração.

- **Despesas financeiras** – São resultantes de encargos financeiros relativos a empréstimos ou financiamentos bancários, empréstimos de coligadas ou sócios, juros de mora e multas. Normalmente, essas despesas são separadas em juros passivos e variações monetárias passivas. Os **juros** são despesas reais e as **variações monetárias passivas**, a atualização monetária das dívidas.

- **Receitas financeiras** – Representam os rendimentos sobre ativos, tais como aplicações financeiras, empréstimos concedidos e outros. Normalmente, essas receitas são separadas em juros ativos e variações monetárias ativas. Os **juros** são receitas reais e as **variações monetárias ativas** são a atualização monetária sobre tais ativos.

- **Variações monetárias e cambiais ativas** – Constituem-se pela atualização monetária ou pela variação cambial que incide sobre ativos, como são as aplicações financeiras e os depósitos judiciais que estejam no ativo circulante ou no ativo não circulante (ativo realizável a longo prazo). São registradas mesmo que não tenham sido recebidas até a data do balanço.

- **Variações monetárias e cambiais passivas** – Referem-se às variações monetárias – ou variação cambial – que incidem sobre passivos, como empréstimos ou financiamentos bancários, créditos de coligadas ou controladas, impostos atrasados ou parcelas e outras dívidas que estejam no passivo circulante ou no passivo não circulante. São registradas mesmo que não tenham sido pagas até a data do balanço.

Existem **despesas** e **receitas** que, embora oriundas da atividade operacional, não encontram enquadramento específico naquelas, denominadas *comerciais* e *administrativas*. Embora operacionais, essas despesas e receitas são acessórias da atividade principal da empresa e devem ser classificadas no grupo das *despesas operacionais*, mas com a denominação de *outras receitas e despesas operacionais*. Classificam-se nesta rubrica os **resultados (lucros ou prejuízos) de participações societárias** (resultado da equivalência patrimonial, dividendos, deságio de investimento) e as **receitas com vendas de sucatas e sobras de estoques**, entre outras, por serem esporádicas.

- **Equivalência patrimonial** – Representa o lucro ou o prejuízo das empresas coligadas ou controladas e pode se tratar tanto de receita quanto de despesa. Se for receita, as coligadas ou controladas deram lucro no período; se for despesa, deram prejuízo. O mesmo valor que aparece na demonstração de resultados é somado (se for receita) ou deduzido (se for despesa) da conta de investimentos no ativo não circulante, pois representa um ganho ou uma perda desses investimentos.

- **Resultado líquido do período** – Diz respeito ao resultado (lucro ou prejuízo) obtido ou incorrido em determinado período (mês, trimestre ou ano), correspondente à rentabilidade líquida antes da tributação.

Síntese

Os relatórios contábeis que estudamos neste capítulo – o **balanço patrimonial** e a **demonstração do resultado** – são, em essência, modelos que representam a situação econômica e financeira de uma entidade em um determinado momento. A adequada compreensão, por parte do usuário, quanto à estrutura, à forma e ao conteúdo dos demonstrativos é imprescindível para a gestão empresarial.

O profissional envolvido no estudo e na aplicação da contabilidade deve conhecer profundamente a estrutura e a composição desses relatórios, bem como a legislação que os regula, pois, dessa forma, poderá acompanhar e analisar o surgimento de ativos e passivos, bem como planejar a melhor estrutura patrimonial e de resultado considerando a realidade de sua empresa.

Os dois relatórios que apresentamos neste capítulo são os mais tradicionalmente utilizados pelos gestores e apresentam pouca complexidade. A sua compreensão possibilitará que sejam utilizados de forma a aumentar o desempenho do empreendimento, uma vez que trazem informações essenciais para um conhecimento adequado da estrutura financeira do patrimônio, bem como da composição e da formação do resultado do negócio.

Questões para revisão

1. Qual é a razão, para a contabilização dos dividendos recebidos de investimentos, da avaliação por equivalência patrimonial como redução da conta de investimentos?

2. Qual é o critério que deve ser utilizado para a disposição dos elementos no ativo e no passivo?

3. Por que se entende, no Brasil, que as receitas e as despesas financeiras fazem parte do resultado operacional da empresa?

4. Na DRE, juros ativos, serviços prestados e receita de equivalência patrimonial são, respectivamente, receitas:
   a) Financeiras, comerciais e não operacionais.
   b) Comerciais, financeiras e outras despesas operacionais.

c) Financeiras, comerciais e outras receitas operacionais.
d) Outras receitas operacionais, financeiras e comerciais.

5. Uma sociedade empresária apresentou as informações a seguir no mês de agosto de 2012:

Contas	Saldos (R$)
Receitas realizadas e não recebidas	150.000,00
Despesas pagas antecipadamente	110.000,00
Receitas realizadas e recebidas	220.000,00
Despesas incorridas e não pagas	90.000,00
Receitas recebidas antecipadamente e não realizadas	130.000,00
Despesas incorridas e pagas	85.000,00

A apuração do resultado na DRE contemplará um lucro de:
a) R$ 155.000,00.
b) R$ 195.000,00.
c) R$ 315.000,00.
d) R$ 325.000,00.

Saiba mais

Os leitores interessados em aprofundar os estudos sobre conceitos de contabilidade devem consultar:

ALMEIDA, M. C. **Curso de contabilidade intermediária.** 2. ed. São Paulo: Atlas, 2018.

IUDÍCIBUS, S. DE; MARION, J. C. **Contabilidade comercial.** 11 ed. São Paulo: Atlas, 2019.

IUDÍCIBUS, S. DE ET AL. **Manual de contabilidade societária.** 4. ed. São Paulo: Atlas, 2022.

Exercícios resolvidos

1. Uma entidade apresenta, em 31/12/X0, os seguintes saldos de contas:

Contas	Saldo (R$)
Ações de outras empresas – para negociação imediata	400,00
Ações em tesouraria	300,00
Ajustes de avaliação patrimonial – saldo devedor	900,00
Aplicações em fundos de investimento com liquidez diária	2.600,00
Bancos – conta movimento	6.000,00
Caixa	700,00
Capital social	40.000,00
Clientes – vencimento em março/X1	12.000,00
Clientes – vencimento em março/X2	6.600,00
Clientes – vencimento em março/X3	4.000,00
Depreciação acumulada	8.800,00
Despesas pagas antecipadamente (prêmio de seguros com vigência até dezembro/X1)	300,00
Estoque de matéria-prima	5.000,00
Financiamento bancário – a ser pago em 12 parcelas mensais de igual valor, vencendo a primeira em janeiro/X1	30.000,00
Fornecedores	19.000,00
ICMS a recuperar	600,00
Imóveis de uso	26.000,00
Impostos a pagar – vencimento em janeiro/X1	6.400,00
Máquinas	18.000,00
Obras de arte	4.000,00
Participação societária em empresas controladas	14.000,00
Participações permanentes no capital de outras empresas	1.000,00
Reserva legal	4.000,00
Reserva de capital	2.200,00
Veículos	8.000,00

No balanço patrimonial, o saldo do ativo circulante é igual a:
a) R$ 24.300,00.
b) R$ 25.000,00.
c) R$ 27.200,00.
d) **R$ 27.600,00.**

2. Uma determinada sociedade empresária apresentou em 31/12/X1 os seguintes saldos:

Contas	Saldos (R$)
Caixa	6.500,00
Bancos – conta movimento	14.000,00
Capital social	20.000,00
Custo das mercadorias vendidas	56.000,00
Depreciação acumulada	1.500,00
Despesas gerais	23.600,00
Fornecedores	9.300,00
Duplicatas a receber em 60 dias	20.900,00
Equipamentos	10.000,00
Reservas de lucros	3.000,00
Estoques de mercadorias	4.000,00
Receitas de vendas	97.700,00
Salários a pagar	3.500,00

Após a apuração do resultado do período e antes de sua destinação, o total do patrimônio líquido e o total do ativo circulante são, respectivamente:

a) R$ 37.100,00 e R$ 41.400,00.
b) R$ 37.100,00 e R$ 46.100,00.
c) **R$ 41.100,00 e R$ 45.400,00.**
d) R$ 41.100,00 e R$ 50.400,00.

3. De acordo com os dados a seguir, e sabendo que o estoque final de mercadorias totaliza R$ 350.000,00 em 31/12/X0, o resultado líquido é de:

Contas	Saldos (R$)
Caixa	80.000,00
Capital social	50.000,00
Compras de mercadorias	800.000,00
Depreciação acumulada	65.000,00
Despesas com juros	110.000,00

(continua)

(conclusão)

Contas	Saldos (R$)
Despesas gerais	150.000,00
Duplicatas a pagar	355.000,00
Duplicatas a receber	140.000,00
Estoque inicial de mercadorias	200.000,00
Móveis e utensílios	70.000,00
Receita com juros	80.000,00
Receitas com vendas	1.000.000,00

a) **R$ 170.000,00.**
b) R$ 240.000,00.
c) R$ 350.000,00.
d) R$ 390.000,00.

4. Uma sociedade empresária apresentou os seguintes saldos após a destinação do resultado de 2012:

Contas	Saldos (R$)
Bancos – conta movimento	25.000,00
Caixa	10.000,00
Capital a integralizar	50.000,00
Capital subscrito	100.000,00
Depreciação acumulada	15.000,00
Duplicatas a receber	47.000,00
Duplicatas descontadas	27.000,00
Estoques de mercadorias	28.000,00
Fornecedores	70.000,00
ICMS a recuperar	2.000,00
Investimentos em coligadas	49.000,00
Reservas de lucros	38.000,00
Veículos em uso	39.000,00

No balanço patrimonial, o ativo total é igual a:
a) R$ 135.000,00.
b) R$ 158.000,00.
c) R$ 183.000,00.
d) **R$ 185.000,00.**

5. Em 31/12/X3, uma sociedade empresária firmou um contrato de seguros com cláusula de cobertura dos ativos para o período de 01/08/X3 a 31/07/X4. A empresa pagou, em 31/07/X3, em parcela única, o montante de R$ 1.200,00, referente ao prêmio de seguro. De acordo com o contrato, em caso de sinistro, a empresa poderá receber uma indenização no montante de até R$ 100.000,00, e o valor da franquia a ser paga será de R$ 840,00. No balanço patrimonial de 31/07/X3 a empresa apresentará a seguinte situação patrimonial:

a) **Despesas pagas antecipadamente, no ativo circulante, no valor de R$ 1.200,00.**

b) Despesas pagas antecipadamente, no ativo não circulante, no valor de R$ 360,00.

c) Despesas realizadas com seguros, na demonstração do resultado, no valor de R$ 840,00.

d) Seguros a vencer, no ativo não circulante, no valor de R$ 100.000,00.

Perguntas & Respostas

Indique uma diferença entre o balanço patrimonial e a demonstração do resultado do exercício (DRE).

O balanço patrimonial é formado pelas contas patrimoniais (contas representativas de bens, direitos e obrigações); já a DRE é formada pela contas de resultado (contas representativas de uma receita e uma despesa).

Onde se classifica o resultado não operacional?

A partir das alterações na legislação contábil – pelas Leis n. 11.638/2007 e n. 11.941/2009) –, não existe mais o resultado não operacional.

O que abrange o resultado financeiro líquido?

Abrange o confronto entre as receitas financeiras e as despesas financeiras e deve ser destacado em uma linha específica da DRE.

Como deve ser contabilizado o valor dos dividendos recebidos por investimentos avaliados pelo método de custo?

Devem ser contabilizados como receita operacional (dividendos recebidos) quando a entidade investida propõe ou distribui efetivamente os dividendos.

Em que situações a empresa poderá deixar de constituir a reserva legal?

A reserva legal, que corresponde à aplicação de 5% (cinco por cento) sobre o valor do lucro líquido do exercício, deixará de ser constituída quando seu valor passar de 20% (vinte por cento) do capital social realizado, bem como quando seu saldo acrescido dos saldos das reservas de capital exceder a 30% (trinta por cento) do capital social.

Consultando a legislação

Você poderá consultar as seguintes leis para se aprimorar nos aspectos legais que fundamentaram este capítulo:

1. Lei 6.404, de 15 de dezembro de 1976, especialmente o Capítulo XV, que trata do exercício social e das demonstrações financeiras.

2. Lei 10.406, de 10 de janeiro de 2002, o Código Civil, especialmente os arts. 1.179 a 1.195, que tratam da escrituração contábil das empresas.

3. Lei 11.638, de 28 de dezembro de 2007, que cria a sociedade de grande porte.

Demonstração das mutações do patrimônio líquido

4

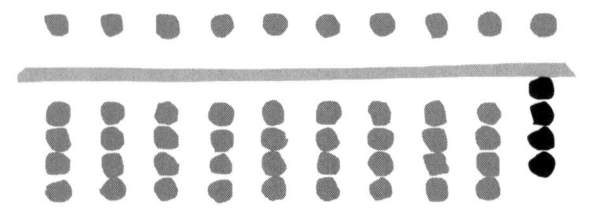

Conteúdos do capítulo

- Demonstração das mutações do patrimônio líquido (DMPL).
- Demonstração de lucros ou prejuízos acumulados (DLPA).
- Demonstração do fluxo de caixa (DFC).
- Demonstração do valor adicionado (DVA).
- Notas explicativas.

Após o estudo deste capítulo, você será capaz de:

1. compreender os conceitos e objetivos dos relatórios contábeis;
2. conhecer a estrutura e a utilidade da DMPL, da DLPA, da DFC e da DVA;
3. utilizar os relatórios para a compreensão da atividade comercial.

4.1 DRA e DMPL: importância, estrutura e formação

O art. 176 da Lei n. 6.404, de 15 de dezembro de 1976, determina que, ao final do exercício social, a empresa deve elaborar, com base na escrituração contábil, as seguintes demonstrações:

> Art. 176. [...]
> I – balanço patrimonial;
> II – demonstração dos lucros ou prejuízos acumulados;
> III – demonstração do resultado do exercício;
> IV – demonstração dos fluxos de caixa; e
> V – se companhia aberta, demonstração do valor adicionado.
> (Brasil, 1976b)

Com referência à demonstração dos lucros ou prejuízos acumulados (DLPA), a Lei n. 6.404/1976 dispõe, em seu art. 186, parágrafo 2º, que: "a demonstração de lucros ou prejuízos acumulados deverá indicar o montante do dividendo por ação do capital social e poderá ser incluída na demonstração das mutações do patrimônio líquido, se elaborada e publicada pela companhia" (Brasil, 1976b).

Com relação ao resultado das alterações trazidas pelas novas normas contábeis – alterações na Lei n. 6.404/1976 e nos pronunciamentos técnicos do Comitê de Pronunciamentos Contábeis –, devemos destacar duas modificações substanciais: a **supressão do resultado não operacional da estrutura da demonstração do resultado do exercício (DRE)** e a **inclusão,** por meio do Pronunciamento Técnico CPC 26 (CPC, 2011b), **da demonstração do resultado abrangente (DRA).** Consideremos, portanto, que atualmente as entidades devem apresentar seu resultado em duas demonstrações contábeis: a DRE e a DRA.

A DRE é conhecida por nos apresentar as **receitas** e as **despesas** declaradas em determinado período, segundo o **regime de competência.** Iudícibus et al. (2022) afirmam que essa demonstração

> apresenta as receitas, despesas e outras mutações que afetam o patrimônio líquido, mas que não são reconhecidas, ou não foram reconhecidas ainda, na demonstração do resultado do exercício, conforme determinam os pronunciamentos, interpretações e orientações que regulam a atividade contábil.

Ainda segundo esses autores, essas receitas e despesas que caracterizamos anteriormente são identificadas como "outros resultados abrangentes" (Iudícibus et al., 2022).

Ao estruturarmos a DRA, devemos iniciá-la com a última linha da DRE. Em seguida, incluímos todos os itens de outros resultados abrangentes, conforme a classificação dada pelo Pronunciamento Técnico CPC 26 (CPC, 2011b).

Sabemos que a DRE (período) deve incluir, no mínimo, os seguintes elementos, caracterizadores de receitas e despesas, conforme determinado pelo art. 187 da Lei n. 6.404/1976:

1. receitas;
2. custo dos produtos, das mercadorias ou dos serviços vendidos;
3. lucro bruto;
4. despesas com vendas, gerais, administrativas e outras despesas e receitas operacionais;
5. resultado (receita ou despesa) de equivalência patrimonial;
6. resultado antes das receitas e despesas financeiras;
7. despesas e receitas financeiras;
8. resultado antes dos tributos sobre o lucro;
9. despesa com tributos sobre o lucro;
10. resultado líquido das operações continuadas;
11. valor líquido dos seguintes itens:

    11.1. resultado líquido após tributos das operações descontinuadas;

    11.2. resultado após os tributos decorrentes da mensuração do valor justo menos despesas de venda, ou da baixa dos ativos ou do grupo de ativos à disposição para venda que constitui a unidade operacional descontinuada;

12. resultado líquido do período.

Conforme o Pronunciamento Técnico CPC 26 (CPC, 2011b), a estrutura mínima da DRA deve incluir os seguintes elementos:

1. resultado líquido do período;
2. cada item dos outros resultados abrangentes, classificados conforme sua natureza – exceto montantes relativos ao item c;
3. parcela dos outros resultados abrangentes de empresas investidas, reconhecida por meio do método de equivalência patrimonial;
4. resultado abrangente do período.

Os outros resultados abrangentes compreendem itens de receita e despesa que não são reconhecidos na demonstração do resultado como requeridos ou permitidos pelas normas, pelas interpretações e pelos comunicados técnicos emitidos pelo CFC. Esses itens abrangem os seguintes resultados, de acordo com o CPC 26:

a. variações na reserva de reavaliação, quando permitidas legalmente; aqui, recomendamos a leitura do CPC 27 – Ativo Imobilizado e do CPC 04 – Ativo Intangível;

b. ganhos e perdas atuariais em planos de pensão, com benefício definido reconhecido conforme item 93A do CPC 33 – Benefícios a Empregados;

c. ganhos e perdas derivados da conversão de demonstrações contábeis de operações no exterior – veja o Pronunciamento Técnico CPC 02 – Efeitos das Mudanças nas Taxas de Câmbio e Conversão de Demonstrações Contábeis;

d. ajuste de avaliação patrimonial relativo a ganhos e perdas na remensuração de ativos financeiros disponíveis para venda – veja o Pronunciamento Técnico CPC 38 – Instrumentos Financeiros: Reconhecimento e Mensuração;

e. ajuste de avaliação patrimonial, relativo à efetiva parcela de ganhos ou perdas de instrumentos de **hedge** em **hedge** de fluxo de caixa – veja o Pronunciamento Técnico CPC 38 – Instrumentos Financeiros: Reconhecimento e Mensuração. (CPC, 2011b)

Podemos entender, portanto, que o **resultado abrangente é a mutação que ocorre no patrimônio líquido durante um período**, o qual resulta de transações e outros eventos que não se originaram de operações com os sócios, na sua qualidade de proprietários.

As normas internacionais, das quais veio a inspiração para a institucionalização da DRA, indicam que ela poderá ser apresentada como continuidade da DRE; no entanto, no Brasil, o Comitê de Pronunciamentos Contábeis (CPC) determinou que ela seja apresentada como um relatório à parte.

No modelo a seguir, que não foi recepcionado no Brasil, poderíamos apresentar os dois relatórios (DRE e DRA) em uma só estrutura, mas, nesse exemplo, basta iniciarmos a estruturação da DRA com base no lucro líquido do período.

Tabela 4.1 – Demonstração do resultado abrangente

DRA Contas		Saldo (R$)
Receita de vendas		1.879.400
Tributos sobre vendas		(300.000)
Receita líquida de vendas		1.579.400
Custos dos produtos vendidos		(820.000)
Lucro bruto		759.000
Despesas com vendas		(180.000)
Despesas administrativas		(125.000)
Receita de equivalência patrimonial		35.000
Lucro antes das receitas e despesas financeiras		489.400
Receitas financeiras		93.000
Despesas financeiras		(124.500)
Lucro antes dos tributos sobre o lucro		457.900
Tributos sobre o lucro		(185.900)
Lucro líquido do período		272.000
Parcela dos sócios da controladora	250.000	
Parcela dos não controladores	22.000	
Ajustes instrumentos financeiros		(60.000)
Tributos sobre ajustes de instrumentos financeiros		20.000
Equivalência patrimonial sobre ganhos abrangentes de coligadas		30.000
Ajustes de conversão do período		260.000
Tributos sobre ajustes de conversão do período		(90.000)
Outros resultados abrangentes antes da reclassificação		160.000
Ajustes de instrumentos financeiros reclassificados para resultado		10.600

(continua)

(Tabela 4.1 – conclusão)

DRA Contas		Saldo (R$)
Outros resultados abrangentes		170.600
Parcela dos sócios da controladora	164.600	
Parcela dos não controladores	6.000	
Resultado abrangente total		442.600
Parcela dos sócios da controladora	414.600	
Parcela dos não controladores	28.000	

Fonte: Iudícibus et al., 2022, p. 483.

As **pequenas e médias empresas**, assim consideradas pelo Pronunciamento Técnico que trata da contabilidade específica para essas empresas, também devem apresentar a DRA.

Destaquemos que, segundo o Pronunciamento Técnico CPC 26, a apresentação do resultado abrangente deve ser realizada separadamente da DRE; porém, poderá ser apresentada como parte da demonstração das mutações do patrimônio líquido (DMPL), quando faz constar expressamente que "a demonstração do resultado abrangente pode ser apresentada em quadro demonstrativo próprio ou dentro das mutações do patrimônio líquido" (CPC, 2011b).

A DRA é uma importante ferramenta de análise gerencial, pois, respeitando o princípio de competência de exercícios, **atualiza o capital próprio dos sócios por meio do registro no patrimônio líquido** – e não no resultado – **das receitas e despesas incorridas**. No entanto, é de realização financeira "incerta", uma vez que decorrem de investimentos de longo prazo, sem data prevista de resgate ou outra forma de alienação.

Na prática, o resultado abrangente visa **apresentar os ajustes efetuados no patrimônio líquido, como se fosse um lucro da empresa**. Por exemplo: a conta *ajuste da avaliação patrimonial* registra as modificações de ativos e passivos a valor justo que, pelo princípio da competência, não entram na DRE. No entanto, essas variações serão computadas no lucro abrangente, a fim de apresentar o lucro o mais próximo possível da realidade econômica da empresa.

O CPC 26 (CPC, 2011b), aprovado pelo Conselho Federal de Contabilidade (CFC), estabelece que **o lucro abrangente deve ser calculado com base no lucro líquido apurado na DRE.** Assim, é necessário que a DRA inclua, no mínimo, as seguintes rubricas:

1. resultado líquido do período;
2. cada item dos outros resultados abrangentes, classificados conforme sua natureza;
3. parcela dos outros resultados abrangentes de empresas investidas, reconhecida por meio do método de equivalência patrimonial; e
4. resultado abrangente do período. (CPC, 2011b)

4.2 Demonstração das mutações do patrimônio líquido (DMPL)

Prevista no Pronunciamento Técnico CPC 26 (CPC, 2011b), em seus itens 106 a 110, a DMPL engloba uma demonstração que apresenta o lucro ou o prejuízo, os itens de receita e despesa reconhecidos diretamente no patrimônio líquido, os efeitos das alterações na política contábil e a correção de erros reconhecidos, bem como os valores das transações com sócios em sua condição de sócios, tudo isso durante o período.

A DMPL, embora não seja uma demonstração contábil obrigatória por força da Lei n. 6.404/1976, teve sua publicação exigida para as companhias abertas, por disposição da Comissão de Valores Mobiliários (CVM), na Instrução n. 59/1986 (CVM, 1986). No entanto, a partir da entrada em vigor do Pronunciamento Técnico CPC 26 (CPC, 2011b) – com aprovação pela Deliberação CVM n. 595/2009 (CVM, 2009) e tornado obrigatório para as demais entidades pela Resolução CFC n. 1.185/2009 (CFC, 2009) –, podemos dizer que a DMPL já faz parte do conjunto de demonstrações obrigatórias para todas as empresas.

Ela é uma **demonstração analítica e abrangente**, que apresenta a **movimentação de todas as contas do patrimônio líquido durante o exercício social**, inclusive a formação e a utilização das reservas não originadas do lucro, indicando claramente a origem e o respectivo valor de cada aumento ou redução no patrimônio líquido durante determinado exercício.

A DMPL complementa os demais dados constantes no balanço patrimonial e na DRE, indicando igualmente a constituição e a utilização de todas as reservas, sendo útil sobremaneira para o cálculo dos **dividendos obrigatórios**.

Outra vantagem da DMPL está relacionada àquelas empresas que têm investimentos permanentes avaliados pelo método da equivalência patrimonial, pois se essas entidades coligadas ou controladas disponibilizarem esse relatório para a investidora, será mais fácil e prática a apuração do resultado da equivalência patrimonial.

4.2.1 Mutações nas contas patrimoniais

Conforme escreve Iudícibus (2022, p. 558), as contas que pertencem ao patrimônio líquido podem ser afetadas por inúmeras variações, como os exemplos que mostramos a seguir.

1. Itens que afetam o patrimônio total:
    - 1.1. Acréscimo pelo lucro ou redução pelo prejuízo líquido do exercício.
    - 1.2. Redução por dividendos.
    - 1.3. Redução por pagamento ou crédito de juros sobre o capital próprio.
    - 1.4. Acréscimo por reavaliação de ativos – nos casos previstos na lei.
    - 1.5. Acréscimo por doações e subvenções para investimentos recebidos (após transitarem pelo resultado).

1.6. Acréscimo por subscrição e integralização de capital.

1.7. Acréscimo pelo recebimento de valor que exceda o valor nominal das ações integralizadas ou o preço de emissão das ações sem valor nominal.

1.8. Acréscimo pelo valor da alienação de partes beneficiárias e bônus de subscrição.

1.9. Acréscimo por prêmio recebido na emissão de debêntures (após transitar pelo resultado).

1.10 Redução por ações próprias adquiridas ou acréscimo por sua venda.

1.11 Acréscimo ou redução por ajuste de exercícios anteriores.

1.12 Redução por reversão da reserva de lucros a realizar para a conta *dividendos a pagar*.

1.13 Acréscimo ou redução por outros resultados abrangentes.

1.14 Redução por gastos na emissão de ações.

1.15 Ajuste de avaliação patrimonial.

2. Itens que não afetam o total do patrimônio:

2.1 Aumento de capital com utilização de lucros e reservas.

2.2 Apropriações do lucro líquido do exercício, por meio da conta *lucros acumulados*, para formação de reservas, como reserva legal, reserva de lucros a realizar, reserva para contingência e outras.

2.3 Reversões de reservas patrimoniais para a conta *lucros ou prejuízos acumulados* (conta transitória).

2.4 Compensação de prejuízos com reservas e outras.

4.2.2 Estruturação da demonstração das mutações do patrimônio líquido (DMPL)

É relativamente simples a estruturação da DMPL, bastando que relacionemos de **forma ordenada e resumida toda a movimentação ocorrida em um determinado exercício social** – uma vez que, em regra, é gerada anualmente – nas diversas contas contábeis que representam elementos do patrimônio líquido, tais como *capital, reservas de capital, reservas de lucros, reservas de reavaliação* (quando permitido por lei), *ações ou quotas em tesouraria, ajustes de avaliação patrimonial* e *lucros ou prejuízos acumulados*.

Em uma planilha ou um papel de trabalho, utilizamos uma coluna para cada uma das contas do patrimônio líquido da empresa, incluindo uma conta total, que representa a soma dos saldos ou das transações de todas as contas individuais. Os acréscimos e as reduções de valores causados pelas transações são transcritos nas respectivas colunas. Por exemplo: se ocorre um aumento de capital social com lucros e reservas, na linha correspondente a essa transação transcrevemos o acréscimo na coluna de capital social pelo valor do aumento e, na mesma linha, as reduções nas contas de reservas e lucros utilizadas no aumento de capital pelos valores correspondentes. Em outras palavras, nas mesmas linhas são evidenciadas, de certa forma, as origens e as aplicações de recursos que envolvem elementos do patrimônio líquido.

Tabela 4.2 – Modelo de DPML extraído de demonstrações publicadas de uma empresa de capital aberto

		Reserva de capital	Reservas de lucros				
Em 31/12/2009	Capital (R$)	Incentivos fiscais (R$)	Reserva legal (R$)	Reserva investimentos (R$)	Lucros acumulados (R$)	Ações em tesouraria (R$)	Total (R$)
Saldos iniciais	1.854.507	162.209	281.037	1.927.411		(8.986)	4.216.178
Lucro líquido					1.148.333		1.148.333
Constituição de reservas			57.417	605.916	(663.333)		–
Dividendos propostos					(485.000)		(485.000)
Em 31/12/2010	1.854.507	162.209	338.454	2.533.327	–	(8.986)	4.879.511
Lucro líquido					1.020.617		1.020.617
Constituição de reservas			51.031	470.686	(521.717)		–
Capitalização de reservas	1.017.274			(1.017.274)	2.015		2.015
Dividendos propostos					(498.900)		(498.900)
Em 31/12/2011	2.871.781	162.209	389.485	1.986.739	–		5.403.243

Como em todos os relatórios obrigatórios por lei ou por uma norma específica da CVM ou do CFC, devemos apresentar os valores comparativamente ao exercício anterior. Vemos que a DMPL demonstra, de forma clara e objetiva, as modificações ocorridas no valor total do patrimônio líquido, o que, de outra forma, em outro relatório não seria possível sabermos.

A **demonstração do fluxo de caixa** (DFC) é um relatório obrigatório a partir da publicação da Lei n. 11.638, de 28 de dezembro de 2007 (Brasil, 2007), que alterou o art. 176 da Lei n. 6.404/1976, o qual determina:

> Art. 176. Ao fim de cada exercício social, a diretoria fará elaborar, com base na escrituração mercantil da companhia, as seguintes demonstrações financeiras, que deverão exprimir com clareza a situação do patrimônio da companhia e as mutações ocorridas no exercício: [...]
> IV – demonstração dos fluxos de caixa; [...]. (Brasil, 1976b)

O CFC regulou a matéria por meio da Resolução CFC n. 1.296, de 7 de outubro de 2010, a qual define a DFC da seguinte maneira:

> Informações sobre o fluxo de caixa de uma entidade são úteis para proporcionar aos usuários das demonstrações contábeis uma base para avaliar a capacidade de a entidade gerar caixa e equivalentes de caixa, bem como as necessidades da entidade de utilização desses fluxos de caixa. As decisões econômicas que são tomadas pelos usuários exigem avaliação da capacidade de a entidade gerar caixa e equivalentes de caixa, bem como da época de sua ocorrência e do grau de certeza de sua geração. (CFC, 2010)

Os benefícios pela utilização do fluxo de caixa abrangem uma série de aspectos, tais como a **disponibilização de informações sobre mudanças na estrutura de ativos líquidos de entidade e sua capacidade de geração de caixa líquido**. A **perspectiva de**

geração de caixa futuro também é uma vantagem no uso do relatório, bem como a possibilidade de **analisar a relação entre a lucratividade e a geração de caixa.**

A referida norma do CFC (Resolução n. 1.296/2010) esclarece o significado de termos utilizados em seu texto e cuja compreensão é essencial para um uso adequado do relatório:

Caixa compreende numerário em espécie e depósitos bancários disponíveis. Este enunciado não requer maiores explicações, pois é o conceito genuíno de caixa utilizado pela contabilidade.

Equivalentes de caixa são aplicações financeiras de curto prazo, de alta liquidez, que são prontamente conversíveis em montante conhecido de caixa e que estão sujeitas a um insignificante risco de mudança de valor. Aqui não se define o prazo da aplicação, porém se qualifica o risco, que deve ser mínimo.

Fluxos de caixa são as entradas e saídas de caixa e equivalentes de caixa.

Atividades operacionais são as principais atividades geradoras de receita da entidade e outras atividades que não são de investimento e tampouco de financiamento. Essas atividades estão vinculadas ao objetivo principal da empresa, na compra, produção, prestação de serviços e vendas.

Atividades de investimento são as referentes à aquisição e à venda de ativos de longo prazo e de outros investimentos não incluídos nos equivalentes de caixa. Incluem-se neste tópico os investimentos temporários, cujo prazo e risco não autoriza a classificá-los nos equivalentes de caixa.

Atividades de financiamento são aquelas que resultam em mudanças no tamanho e na composição do capital próprio e no capital de terceiros da entidade. Compreendem-se como atividades de financiamentos a busca de recursos de curto e longo prazo para financiamento da estrutura de ativos necessários à manutenção da atividade da entidade. (CFC, 2010, grifo nosso)

O **conteúdo do caixa** está disponível na empresa, nos bancos e no mercado financeiro de curtíssimo prazo, sendo que a **gestão do caixa**[1] significa, em síntese, **manter liquidez imediata suficiente à manutenção das atividades** da empresa.

---

1 É importante lembrarmos o que é o *regime de competência* adotado pela contabilidade e o que é o *regime de caixa* adotado pelo administrador financeiro. O *regime de competência* é utilizado para apurar o resultado econômico e mensurar a rentabilidade das operações. As receitas são reconhecidas no momento da venda e as despesas, no momento em que ocorrem. Assim, esse regime coincide com o ciclo econômico. A liquidez da empresa é a sua capacidade de honrar compromissos financeiros de curto prazo. Já o *regime de caixa* é adotado pelo administrador financeiro para planejar e controlar as necessidades e as sobras de caixa, apurando o resultado financeiro (superávits e déficits de caixa). Por esse regime, as receitas são reconhecidas no momento efetivo em que ocorrem os recebimentos dos recursos, e as despesas, no momento em que ocorrem os pagamentos. Esses dois regimes não são conflitantes; na verdade, eles são interdependentes e complementares.

Poderíamos considerar que o **saldo de caixa ideal** – **dinheiro**, aplicação financeira de liquidez imediata – deveria ser **nulo**, já que esse saldo não proporciona retorno operacional explícito. Entretanto, a razão principal que o torna necessário é a incerteza relacionada ao fluxo de recebimentos e pagamentos.

É importante considerarmos que saldos maiores mantidos em caixa promovem maior segurança, mas tendem a apresentar um custo de oportunidade maior, uma vez que é possível perder a oportunidade de melhor rentabilizá-los; por outro lado, saldos menores representam menor segurança financeira.

Esse é o dilema da escolha entre **risco** e **rentabilidade**, que representa um **dilema na gestão do caixa da empresa**. Normalmente, os problemas de baixa liquidez, ou até de insolvência, que podem levar as empresas à falência, ocorrem pela gestão ineficiente do fluxo de caixa.

O saldo do caixa sempre poderá ser zero, ou seja, o total de entradas igual ao total de saídas. Se a empresa posterga um pagamento a um credor, ou simplesmente não cumpre um compromisso assumido, o saldo do caixa "fecha". Ainda, se os déficits de caixa forem regularizados por meio de empréstimos bancários, no final do dia ou do período o saldo acaba "fechando". Porém, isso não é gestão de caixa.

A adequada gestão de caixa consiste em uma criteriosa análise dos fatores que levam o caixa a ter determinado comportamento. Essa análise nos permite saber se a empresa está sendo capaz de gerar recursos suficientes para o financiamento de suas atividades e para amortizações de dívidas e investimentos, mostrando o seu grau de independência financeira.

É importante lembrarmos, no entanto, que o fluxo de caixa da empresa não depende exclusivamente do administrador financeiro, mas da **sinergia de todas as áreas**. Matarazzo (2010, p. 309) cita que o fluxo de caixa

> decorre de múltiplas decisões (de diferentes áreas), como nível de estocagem, prazos concedidos aos clientes, prazos obtidos de fornecedores, expansão, estabilização ou redução do volume de atividades (produção e vendas), investimentos no ativo permanente, bem como as possibilidades de aporte de capital.

Como percebemos, gerenciar adequadamente o caixa da empresa transcende a simples administração de entradas e saídas de dinheiro.

A seguir, veremos o que pode ser avaliado, isoladamente ou em conjunto, como **estratégias de gestão do caixa**.

Com um caixa **superavitário** (sobras de caixa), é possível, de acordo com o fluxo de caixa, avaliar a possibilidade de:

- aumentar estoques;
- aumentar prazos de vendas a clientes;
- repor maquinários e instalações;
- aplicar no mercado financeiro;
- desenvolver novos empreendimentos;

É claro que tudo isso dependerá do que o fluxo de caixa vai comportar, sem que a sua adequada gestão seja comprometida.

Com um caixa **deficitário** (negativo), é necessário verificarmos a possibilidade de:

- reduzir tudo o que for possível de custos e despesas;
- dar mais eficácia à cobrança;

- melhorar a adequação dos compromissos ao fluxo de caixa;
- reduzir prazos de vendas;
- negociar melhores prazos nas compras;
- reduzir o giro dos estoques;
- realizar promoções;
- vender ativos imobilizados;
- abandonar áreas do negócio que sejam deficitárias;
- injetar recursos de sócios e tomar empréstimos.

Nesse caso, devemos fazer tudo de forma a não comprometer a operação, bem como a não resultar em quedas de vendas, de rentabilidade etc.

As **necessidades emergenciais de caixa** podem ser supridas por meio das várias modalidades de **empréstimos**, que normalmente se encontram à disposição no mercado.

Para a adequada gestão dos recursos, é imprescindível ter um fluxo de caixa que contemple todas as previsões de entradas e saídas, que permitirá também observar eventuais distorções importantes entre o previsto e o realizado para proceder às necessárias correções.

4.2.3 Método direto

Esse método explicita as **entradas** e as **saídas brutas de dinheiro** dos principais componentes das atividades operacionais, como os recebimentos pelas vendas de produtos e serviços e os pagamentos a fornecedores e empregados.

A seguir, apresentamos um exemplo de fluxo de caixa pelo método direto.

Tabela 4.3 – Modelo de fluxo de caixa pelo método direto

Empresa: exemplo	Saldo (R$)
Demonstração do fluxo de caixa – método direto	2011

Fluxo de caixa das atividades operacionais	
Recebimento de clientes	30.150
Pagamento a fornecedores e empregados	(27.600)
Caixa gerado pelas operações	**2.550**
Juros pagos	(270)
Imposto de Renda e Contribuição Social pagos	(800)
Imposto de Renda sobre dividendos recebidos	(100)
Caixa líquido gerado pelas atividades operacionais	**1.380**

Fluxos de caixa das atividades de investimento	
Aquisição da controlada X	(550)
Compra de imobilizado	(350)
Recebimento pela venda de equipamento	20
Juros recebidos	200
Dividendos recebidos	200
Caixa líquido consumido pelas atividades de investimentos	**(480)**

Fluxos de caixa das atividades de financiamento	(790)
Recebimento pela emissão de ações	250
Recebimento por empréstimos a longo prazo	250
Pagamento de passivo por arrendamento	(90)
Dividendos pagos	(1.200)
Caixa líquido consumido pelas atividades de financiamento	**110**

Aumento líquido de caixa e equivalentes de caixa	110
Caixa e equivalentes de caixa no início do período	120
Caixa e equivalentes de caixa no fim do período	230

Fonte: CPC, 2010.

4.2.4 Método indireto

Esse método realiza a **conciliação entre o lucro líquido e o caixa gerado pelas operações** – razão pela qual é chamado também de *método da conciliação*. É uma forma predominantemente gerencial de demonstrar a influência das políticas de concessão de prazos a clientes e da negociação com fornecedores na geração de caixa operacional em determinado período. Por essa razão, trata-se do método mais utilizado pelas empresas.

Tabela 4.4 – Modelo de fluxo de caixa pelo método indireto

Empresa: exemplo	Saldo (R$)
Demonstração do fluxo de caixa	**2011**
Lucro líquido	**3.350**
Ajustes – despesas e receitas que não afetam o caixa	390
	3.740
Aumentos nas contas a receber de clientes e outros	(500)
Diminuição nos estoques	1.050
Diminuição nas contas a pagar e fornecedores	(1.740)
Caixa gerado pelas operações	**2.550**
Juros pagos	(270)
Imposto de Renda e Contribuição Social pagos	(800)
Imposto de Renda na fonte sobre dividendos recebidos	(100)
Caixa líquido gerado pelas atividades operacionais	**1.380**
Fluxos de caixa das atividades de investimento	
Aquisição da controlada X	(550)
Compra de imobilizado	(350)
Recebimento pela venda de equipamento	**20**
Juros recebidos	200
Dividendos recebidos	200

(continua)

(Tabela 4.4 – conclusão)

Empresa: exemplo	Saldo (R$)
Caixa líquido consumido pelas atividades de investimentos	(480)
Fluxos de caixa das atividades de financiamento	
Recebimento pela emissão de ações	250
Recebimento por empréstimos a longo prazo	250
Pagamento de passivo por arrendamento	(90)
Dividendos pagos	(1.200)
Caixa líquido consumido pelas atividades de financiamento	**(790)**
Aumento líquido de caixa e equivalentes de caixa	**110**
Caixa e equivalentes de caixa no início do período	120
Caixa e equivalentes de caixa no fim do período	230

Fonte: CPC, 2010.

Observemos que, nos dois modelos, as informações de *caixa* e *equivalentes de caixa* inicial e final – que na verdade correspondem ao disponível – são oriundas do **balanço patrimonial**; sendo assim, obrigatoriamente o aumento ou a redução de caixa deve ser igual à diferença de saldos entre os valores iniciais e finais da conta *caixa* e *equivalentes de caixa*.

No método indireto, o lucro ou prejuízo do exercício é uma informação que vem da DRE.

4.2.4.1 Demonstração do valor adicionado (DVA)

A demonstração do valor adicionado (DVA) tem sua previsão legal expressa no art. 176, inciso V, da Lei n. 6.404/1976, sendo obrigatória para as companhias abertas. Tal demonstração foi incluída naquelas de publicação obrigatória pela Lei n. 11.638/2007. O pronunciamento contábil CPC 09 define os critérios para elaboração e apresentação da DVA, sendo um dos elementos componentes do balanço social, conforme preconiza o referido Pronunciamento Técnico (CPC, 2008a). A principal finalidade da DVA é **identificar e evidenciar a riqueza criada por determinada entidade, bem como sua respectiva distribuição**.

Segundo a Norma Brasileira de Contabilidade – n. NBC TG 09(R1) de 16 de fevereiro de 2024, "as informações devem ser extraídas da contabilidade e os valores informados devem ter como base o princípio contábil da competência" (CFC, 2024). A referida norma ainda define que "a entidade, sob a forma jurídica de sociedade por ações, de capital aberto, e outras entidades que a lei assim estabelecer, devem elaborar a demonstração do valor adicionado, e apresentá-la como parte de suas demonstrações contábeis divulgadas ao final de cada exercício social" (CFC, 2024). Embora prevista sua obrigatoriedade para as companhias abertas, o CFC, na NBC TG 09(R1)/2024, recomenda sua elaboração por todas as entidades que divulgam demonstrações contábeis.

O **valor adicionado** – ou **valor agregado** – é representado pela **diferença entre as receitas geradas pela entidade e os custos dos bens e serviços adquiridos de terceiros, para a obtenção das respectivas receitas**. Economicamente, podemos entender o valor adicionado como a contribuição da empresa para a geração de valores para a economia, resultado dos esforços de todos os seus fatores de produção, o que evidencia os aspectos econômicos e sociais do valor adicionado. Analisando a DVA sob o aspecto social, podemos compreendê-la como a **distribuição da riqueza gerada**. Além da parcela retida pela empresa, **essa riqueza** – resultado da diferença entre a receita e os recursos consumidos na remuneração de terceiros – será **distribuída aos empregados, ao governo e aos acionistas**. Ainda, a demonstração nos permite uma **análise dos elementos que mais consumiram a riqueza criada pela entidade** e seus possíveis reflexos econômicos e sociais.

Em sua análise, podemos perceber o quanto da riqueza criada foi distribuída aos trabalhadores, que fornecem a mão de obra, aos investidores e aos acionistas, que aportam capital à empresa, aos financiadores, que financiam ativos, e ao governo, de quem se espera a disponibilidade de serviços públicos e uma infraestrutura que permita à empresa exercer sua atividade de forma eficaz.

Vejamos a seguir a estrutura básica da DVA, conforme sugerido pela Resolução CFC n. NBC TG 09(R1) e pelo Pronunciamento Técnico CPC 09.

Quadro 4.1 – Demonstração do valor adicionado: descrição

1. Receitas
1.1. Vendas de mercadorias, produtos e serviços (inclui tributos)
1.2. Provisão para devedores duvidosos – reversão/(constituição)
1.3. Resultados não operacionais
2. Insumos adquiridos de terceiros (inclui tributos)
2.1. Custo das mercadorias, produtos e serviços vendidos
2.2. Matérias-primas e insumos consumidos
2.3. Materiais, energia, serviços de terceiros etc.
2.4. (Perda)/recuperação de valores ativos
3. Valor adicionado bruto (1 – 2)
4. Retenções
4.1. Depreciação, amortização e exaustão
5. Valor adicionado líquido (3 – 4)
6. Valor adicionado recebido em transferência
6.1. Resultado de equivalência patrimonial e dividendos
6.2. Receitas financeiras (juros, aluguéis etc.)
7. Valor adicionado total a distribuir (5 + 6)
8. Distribuição do valor adicionado (7 = 8)
8.1. Remuneração do trabalho (pessoal e encargos)
8.2. Remuneração do governo (impostos, taxas e contribuições)
8.3. Remuneração do capital de terceiros (juros, aluguéis etc.)
8.4. Remuneração dos acionistas (juros s/ capital próprio e dividendos)
8.5. Remuneração retida (lucros retidos/prejuízo do exercício)

Fonte: Elaborado com base em CPC, 2008a; CFC, 2024.

Vejamos também uma aplicação do modelo da DVA publicada pela Eletrobras, empresa de capital aberto controlada pelo governo brasileiro que atua nas áreas de geração, transmissão e distribuição de energia elétrica e que, conforme a própria entidade, demonstra sua efetiva contribuição, dentro de uma visão global de desempenho, à geração de riqueza para a economia na qual está inserida, sendo resultado do esforço conjugado de todos os seus fatores de produção.

Percebemos, nesse exemplo, que a DVA constitui um importante índice de avaliação do desempenho social, à medida que demonstra, na distribuição da riqueza gerada, a participação dos empregados, do governo, dos agentes financiadores e dos acionistas.

4.3 Notas explicativas

As **notas explicativas** são informações complementares às demonstrações contábeis que devem ser emitidas obrigatoriamente, por força do disposto no art. 176, parágrafo 4º, da Lei n. 6.404/1976 (Lei das Sociedades por Ações), que expressamente determina:

> Art. 176. [...]
> §4º As demonstrações serão complementadas por notas explicativas e outros quadros analíticos ou demonstrações contábeis necessários para esclarecimento da situação patrimonial e dos resultados do exercício. (Brasil, 1976b)

Sabemos que os relatórios contábeis (balanço patrimonial, DRE, DRA, DMPL, DFC e DVA), por mais que evidenciem uma série de informações, fazem-no utilizando-se de **valores monetários**. Outra característica das demonstrações contábeis é a **sintetização dos valores em contas e grupos**, o que, por vezes, não permite ao usuário uma compreensão mais detalhada e clara dos eventos reconhecidos. Portanto, a Lei Societária exige a elaboração e a publicação – como parte integrante das demonstrações contábeis – dessas notas, que visam fornecer as informações elementares para o esclarecimento da situação patrimonial, seja por meio de quadros que explicam a composição de determinado saldo do ativo ou do passivo, seja por meio de informações sobre critérios de registro e avaliação de elementos ativos e passivos, bem como a indicação e a explicação de fatos que podem alterar futuramente a situação patrimonial da sociedade.

A Lei n. 11.941, de 27 de maio de 2009, acrescentou o parágrafo 5º ao art. 176 da Lei das Sociedades por Ações, o qual dispõe que as notas explicativas devem:

Art. 176. [...]
§5º [...]
I – apresentar informações sobre a base de preparação das demonstrações financeiras e das práticas contábeis específicas selecionadas e aplicadas para negócios e eventos significativos;
II – divulgar as informações exigidas pelas práticas contábeis adotadas no Brasil que não estejam apresentadas em nenhuma outra parte das demonstrações financeiras;
III – fornecer informações adicionais não indicadas nas próprias demonstrações financeiras e consideradas necessárias para uma apresentação adequada; e
IV – indicar:
  a. Os principais critérios de avaliação dos elementos patrimoniais, especialmente estoques, dos cálculos de depreciação, amortização e exaustão, de constituição de provisões para encargos ou riscos, e dos ajustes para atender a perdas prováveis na realização de elementos do ativo;
  b. os investimentos em outras sociedades, quando relevantes (art. 247, parágrafo único);
  c. o aumento de valor de elementos do ativo resultante de novas avaliações (art. 182, §3º);

d. os ônus reais constituídos sobre elementos do ativo, as garantias prestadas a terceiros e outras responsabilidades eventuais ou contingentes;

e. a taxa de juros, as datas de vencimento e as garantias das obrigações a longo prazo;

f. o número, espécies e classes das ações do capital social;

g. as opções de compra de ações outorgadas e exercidas no exercício;

h. os ajustes de exercícios anteriores (art. 186, §1º); e

i. os eventos subsequentes à data de encerramento do exercício que tenham, ou possam vir a ter, efeito relevante sobre a situação financeira e os resultados futuros da companhia. (Brasil, 2009)

O Pronunciamento Técnico CPC 26, que trata da apresentação das demonstrações contábeis, também prevê a elaboração das notas explicativas, mas não inova em relação à lei – nem poderia fazê-lo –, embora de qualquer forma elenque uma série de informações explicativas que devem nortear a elaboração das notas (CPC, 2011b). Por outro lado, o parágrafo 5º do art. 176 da Lei 6.404/1976 menciona, sem esgotar o assunto, as bases gerais e as normas a serem incluídas nas demonstrações financeiras.

Embora a referida lei tenha estabelecido as situações que deverão ser mencionadas, esse rol não é restrito – sendo que a contabilidade da empresa, e até mesmo uma auditoria externa, podem entender prudente e necessário mencionar outras situações que sejam relevantes, além daquelas já previstas pela lei.

No subitem seguinte, apresentamos um exemplo de nota explicativa que trata da decomposição de valores constantes no balanço patrimonial na rubrica *caixa e equivalentes de caixa* e dos critérios utilizados para avaliação (atribuição de valor monetário) desses elementos.

4.3.1 Caixa e equivalentes de caixa

Vejamos as considerações de Klabin S.A. (2012) sobre o tema:

> A companhia, seguindo suas políticas de aplicações de recursos, tem mantido suas aplicações financeiras em investimentos de baixo risco, mantidos em instituições financeiras nas quais a administração entende que sejam de primeira linha, tanto no Brasil como no exterior, de acordo com o *rating* divulgado pelas agências de classificação de risco. A administração tem considerado esses ativos financeiros como equivalentes de caixa, devido à sua liquidez imediata junto às instituições financeiras.

Tabela 4.5 – Modelo de nota explicativa

	Controladora (R$)			Consolidado (R$)		
	31/12/2011	31/12/2010	1º/01/2010	31/12/2011	31/12/2010	1º/01/2010
Caixa e bancos	8.583	7.117	9.784	87.341	39.880	12.356
Aplicações moeda nacional	2.137.110	2.261.028	1.686.796	2.251.875	2.361.210	1.749.387
Aplicações moeda estrangeira	763	671	698	1.848	130.015	79.909
	2.146.456	**2.268.816**	**1.697.278**	**2.341.064**	**2.531.105**	**1.841.652**

As aplicações financeiras em moeda nacional – relacionadas a certificados de depósito bancário (CDBs) indexados pela variação do certificado de depósito interfinanceiro (CDI), cuja taxa média anual de remuneração foi de 11,63% (10,00% em 31 de dezembro de 2010) –, bem como as aplicações em moeda estrangeira, correspondem a operações de *time deposit* firmadas em dólar, com taxa média de remuneração anual de 1,04% (0,05% em 31 de dezembro de 2010) (Klabin S.A., 2011).

Outro exemplo refere-se à nota explicativa relativa à **composição do valor dos estoques**, uma vez que no balanço patrimonial são demonstrados os valores totais e na nota explicativa são mostradas a composição do valor e outras informações relevantes para uma melhor compreensão e análise desse ativo por parte dos interessados.

4.3.2 Estoques

Observe na Tabela 4.6 a seguir um exemplo que ilustra de forma mais compreensível o controle dos estoques.

Tabela 4.6 – Modelo de nota explicativa

	Controladora (R$)			Consolidado (R$)		
	31/12/2011	31/12/2010	1º/01/2010	31/12/2011	31/12/2010	1º/01/2010
Produtos acabados	99.936	104.425	154.962	129.714	137.900	185.043
Matérias-primas	114.274	120.304	104.354	122.456	129.450	111.133
Madeiras e toras	111.193	81.731	50.752	111.193	69.874	79.989
Combustíveis e lubrificantes	6.731	6.823	5.269	6.731	6.823	5.269
Material de manutenção	127.537	105.556	85.411	128.982	106.864	86.167
Provisão de perdas	(3.127)	(2.923)	(3.422)	(3.127)	(2.923)	(3.422)
Outros	8.842	11.315	5.764	10.269	12.140	6.436
	2.146.456	2.268.816	1.697.278	2.341.064	2.531.105	1.841.652

Os estoques de matérias-primas incluem bobinas de papel, transferidas das unidades produtoras de papel para as unidades de conversão.

A despesa com a constituição da provisão para perdas com estoques é registrada na demonstração do resultado, sob a rubrica de *custo dos produtos vendidos*. Durante os exercícios findos em 31 de dezembro de 2011 e de 2010, o efeito líquido da provisão para perda com estoques foi um complemento na provisão de R$ 204,00 e um estorno de R$ 499,00, respectivamente.

As notas explicativas podem ser expressas tanto na **forma descritiva** quanto na forma de **quadros analíticos** e também podem incluir demonstrações contábeis diversas das obrigatórias, desde que necessárias para uma compreensão mais clara e completa do resultado da empresa – as modificações no capital circulante ou mesmo informações de natureza social, como o balanço social. Porém, o essencial é que tais informações complementares sejam úteis para um melhor conhecimento acerca da situação financeira da entidade.

Síntese

Os relatórios estudados neste capítulo trazem informações imprescindíveis para uma análise avançada do negócio, pois, não obstante a importância do balanço patrimonial e da demonstração do resultado do exercício (DRE), por meio deles entendemos que conhecer a geração de caixa do período, verificar as modificações no capital dos proprietários e analisar o valor adicionado e posteriormente distribuído pela empresa são ações de vital importância para um acompanhamento seguro e assertivo de qualquer atividade econômica.

A contabilidade deve disponibilizar esses relatórios aos interessados, independentemente de sua obrigatoriedade para com aquela empresa. O que deve mover o contador é a qualidade das informações que a demonstração do fluxo de caixa (DFC), a demonstração do valor adicionado (DVA) e a demonstração das mutações do patrimônio líquido (DMPL) oferecem, e não a obrigatoriedade legal de sua disponibilização. Quanto mais e melhores relatórios contábeis o gestor tiver à sua disposição, melhor uso fará dessas informações e maior valorização terá a contabilidade.

Devemos sempre lembrar que a contabilidade tem como função a geração e a distribuição de informações econômicas que sejam úteis ao processo decisório, dentro de um escopo que possibilite o acompanhamento dos impactos econômicos e financeiros dos eventos reconhecidos pelo sistema contábil.

Questões para revisão

1. Cite uma vantagem que pode ser obtida pela empresa ao elaborar e publicar a DVA.

2. Com referência às notas explicativas, é correto afirmar que seu conteúdo é limitado ao que a Lei n. 6.404/1976 exige?

3. Qual é a principal função da DMPL?

4. A movimentação ocorrida nas contas de *reservas de lucros* em um determinado período é evidenciada na seguinte demonstração contábil:
   a) Balanço patrimonial.
   b) Demonstração das mutações do patrimônio líquido.
   c) Demonstração dos fluxos de caixa.
   d) Demonstração dos lucros ou prejuízos acumulados.

5. A Cia. Comercial SST terminou o exercício social com um lucro líquido de R$ 120.000,00, devendo constituir a reserva legal nos termos da lei, para fins de elaboração de suas demonstrações contábeis. O patrimônio líquido da referida empresa tem o valor de R$ 224.000,00 e é composto das seguintes contas:

Contas	Saldo (R$)
Capital social	200.000,00
Capital a integralizar	50.000,00
Reservas de capital	27.000,00
Reserva legal	35.000,00
Reservas estatuárias	1.000,00
Lucros acumulados	11.000,00

Com base na situação descrita antes, a empresa deverá contabilizar na conta *reserva legal*:
   a) R$ 6.000,00, pois deverá ser constituída com destinação de 5% do lucro líquido do exercício.
   b) R$ 5.000,00, pois não deverá ultrapassar 20% do capital social.

c) R$ 4.000,00, pois, somada às reservas de capital, não deverá ultrapassar 30% do capital social.

d) R$ 3.000,00, pois, somada às outras reservas de lucro e às reservas de capital, não deverá ultrapassar 30% do capital social.

Saiba mais

Os leitores interessados em aprofundar os estudos sobre conceitos de contabilidade devem consultar:

ALMEIDA, M. C. **Curso de contabilidade intermediária.** 2. ed. São Paulo: Atlas, 2018.

IUDÍCIBUS, S. DE; MARION, J. C. **Contabilidade comercial.** 11. ed. São Paulo: Atlas, 2017.

IUDÍCIBUS, S. DE ET AL. **Manual de contabilidade societária.** 4. ed. São Paulo: Atlas, 2022.

Exercícios resolvidos

1. Uma sociedade empresária adquiriu mercadorias para revenda por R$ 5.000,00, nesse valor incluído o ICMS de R$ 1.000,00. No mesmo período, revendeu toda a mercadoria adquirida por R$ 9.000,00, nesse valor incluído o ICMS de R$ 1.800,00. Tal sociedade registrou, no período, despesas com representação comercial no montante de R$ 1.200,00 e depreciação de veículos no valor de R$ 200,00.

   Na demonstração do valor adicionado (DVA), elaborada com base nos dados fornecidos, o valor adicionado a distribuir é igual a:

   a) R$ 1.800,00.
   b) **R$ 2.600,00.**
   c) R$ 3.200,00.
   d) R$ 4.000,00.

2. Uma sociedade empresária apresentou, no exercício de 20X0, uma variação positiva no saldo de caixa e equivalentes de caixa no valor de R$ 18.000,00. Sabendo que o caixa gerado pelas atividades operacionais foi de R$ 28.000,00 e que o caixa consumido pelas atividades de investimentos foi de R$ 25.000,00, as atividades de financiamento:

   a) geraram um caixa de R$ 21.000,00.
   b) consumiram um caixa de R$ 15.000,00.
   c) consumiram um caixa de R$ 21.000,00.
   d) **geraram um caixa de R$ 15.000,00.**

3. Uma sociedade empresária foi constituida em novembro de 2XX2. Após a sua constituição, foram realizadas as seguintes transações no referido ano:

Transações	Valores (R$)
Integralização de capital pelos acionistas da empresa em dinheiro	500.000,00
Valor bruto da aquisição de mercadorias, sendo 50% à vista e 50% a serem pagos em 2XX3	80.000,00
ICMS a recuperar sobre a aquisição de mercadorias	9.600,00
Aquisição, à vista, de um item do ativo imobilizado	50.000,00
Venda à vista de todas as mercadorias adquiridas no período	150.000,00
Tributos incidentes sobre a venda a serem pagos em 2XX3	15.000,00

Considerando que essas foram as únicas transações realizadas no ano de 2XX2, e desconsiderando a incidência de tributos sobre o lucro, é correto afirmar que, na demonstração dos fluxos de caixa do ano de 2XX2:

   a) **As atividades operacionais geraram caixa no valor de R$ 110.000,00; as atividades de investimento consumiram caixa no valor de R$ 50.000,00; e as atividades de financiamento geraram caixa no valor de R$ 500.000,00.**
   b) As atividades operacionais geraram caixa no valor de R$ 110.000,00; as atividades de investimento consumiram caixa no valor de R$ 450.000,00; e as

atividades de financiamento não consumiram nem geraram caixa.

c) As atividades operacionais geraram caixa no valor de R$ 60.000,00; as atividades de investimento não consumiram nem geraram caixa; e as atividades de financiamento geraram caixa no valor de R$ 500.000,00.

d) As atividades operacionais geraram caixa no valor de R$ 60.000,00; as atividades de investimento consumiram caixa no valor de R$ 500.000,00; e as atividades de financiamento não consumiram nem geraram caixa.

4. Uma sociedade apresentou os seguintes dados extraídos do balanço patrimonial, expostos no conjunto de suas demonstrações contábeis do ano de 2XX2 e da movimentação contábil do patrimônio líquido do período, expressos em milhares de reais:

Saldos do patrimônio líquido

	Saldo (R$) 31/12/X2	Saldo (R$) 31/12/X1
Patrimônio líquido		
Capital social	1.200.000	1.200.000
Reserva de lucros	240.000	200.000
Ajuste de avaliação patrimonial	6.500	5.000
Total do patrimônio líquido	**1.446.500**	**1.405.000**

Movimentação do patrimônio líquido

Contas	Saldo (R$)
Constituição de reserva legal	40.000
Lucro líquido do exercício	900.000
Dividendos obrigatórios do período	860.000
Ganho em instrumento financeiro disponível para venda	1.500

Com base nos dados apresentados, e considerando que a única reserva de lucro constituída é a reserva legal, a demonstração das mutações do patrimônio líquido, em milhares de reais, para o ano de 2XX2 será:

a) Demonstração da mutação do patrimônio líquido:

	Capital social (R$)	Reserva de lucros (R$)	Ajuste de avaliação patrimonial (R$)	Lucros acumulados (R$)	Total do patrimônio líquido (R$)
Saldo do patrimônio líquido em 31/12/X1	1.200.000	200.000	5.000		1.405.000
Ganho em instrumento financeiro disponível para a venda			1.500		1.500
Lucro líquido do exercício				900.000	900.000
Constituição da reserva legal		40.000		(40.000)	
Dividendos do período				(860.000)	(860.000)
Saldo do patrimônio líquido em 31/12/X2	1.200.000	240.000	6.500		1.446.000

b) Demonstração da mutação do patrimônio líquido:

	Capital social (R$)	Reserva de lucros (R$)	Ajuste de avaliação patrimonial (R$)	Total do patrimônio líquido (R$)
Saldo do patrimônio líquido em 31/12/x1	1.200.000	200.000	5.000	1.405.000
Ganho em instrumento financeiro disponível para a venda			1.500	1.500
Constituição da reserva legal		40.000		40.000
Saldo do patrimônio líquido em 31/12/x2	1.200.000	240.000	6.500	1.446.000

c) Demonstração da mutação do patrimônio líquido:

	Capital social (R$)	Reserva de lucros (R$)	Lucros acumulados (R$)	Total do patrimônio líquido (R$)
Saldo do patrimônio líquido em 31/12/x1	1.200.000	200.000	5.000	1.405.000
Ganho em instrumento financeiro disponível para a venda			1.500	1.500
Lucro líquido do exercício			900.000	900.000
Constituição da reserva legal		40.000	(40.000)	
Dividendos do período			(860.000)	(860.000)
Saldo do patrimônio líquido em 31/12/x2	1.200.000	240.000	6.500	1.446.000

d) Demonstração da mutação do patrimônio líquido:

	Capital social (R$)	Reserva de lucros (R$)	Reserva legal (R$)	Ajuste de avaliação patrimonial (R$)	Total do patrimônio líquido (R$)
Saldo do patrimônio líquido em 31/12/x1	1.200.000	200.000		5.000	1.405.000
Ganho em instrumento financeiro disponível para a venda				1.500	1.500
Lucro líquido do exercício				900.000	900.000
Constituição da reserva legal			40.000	(40.000)	
Dividendos do período				(860.000)	(860.000)
Saldo do patrimônio líquido em 31/12/x2	1.200.000	240.000	40.000	6.500	1.446.000

Perguntas & Respostas

Todas as empresas estão obrigadas a elaborar a demonstração do valor adicionado?

Não. A DVA somente é obrigatória para as companhias de capital aberto, conforme o art. 176, inciso V, da Lei n. 6.404/1976.

Que sociedades não são obrigadas a elaborar a demonstração do fluxo de caixa?

Conforme disposto no art. 176, parágrafo 6º, da Lei n. 6.404/1976, a obrigatoriedade de elaboração e publicação do DFC não atinge as companhias fechadas com patrimônio líquido igual ou inferior a R$ 2.000.000,00.

As notas explicativas constituem-se em um relatório contábil?

Não. As notas explicativas são informações complementares às demonstrações contábeis, não se constituindo um relatório contábil autônomo.

A demonstração das mutações do patrimônio líquido (DMPL) e a demonstração dos lucros e prejuízos acumulados (DLPA) devem ser elaboradas e publicadas conjuntamente?

Não. A DLPA poderá ser incluída na estrutura da DMPL, se esta for elaborada conforme determina o art. 186, parágrafo 2º, da Lei n. 6.404/1976.

Indique um exemplo de movimentação na DMPL que não afeta o valor do patrimônio.

Aumento de capital social com a utilização de lucros e reservas.

Consultando a legislação

Você poderá consultar as seguintes leis para se aprimorar nos aspectos legais que fundamentaram este capítulo:

1. Lei n. 6.404, de 15 de dezembro de 1976, especialmente o Capítulo XV, que trata do exercício social e das demonstrações financeiras.

2. Os seguintes Pronunciamentos Técnicos (disponíveis em: <www.cpc.org.br>):

    2.1 Pronunciamento Técnico CPC 03 – Demonstração do Fluxo de Caixa.

    2.2 Pronunciamento Técnico CPC 09 – Demonstração do Valor Adicionado.

    2.3 Pronunciamento Técnico CPC 26 – Apresentação das Demonstrações Contábeis.

Estudo de caso

Os administradores da empresa Comercial Ltda. receberam, da área contábil, o balanço patrimonial encerrado nos períodos indicados a seguir. Receosa de que algo pudesse estar errado, a administração submeteu o relatório ao crivo de uma equipe de auditores, para que certificassem – por meio de um parecer – a observância, por parte do contador, dos princípios e das normas que regulam a contabilidade no Brasil. A administração pediu cuidado especial para as **contas a receber**, bem como para os **estoques** e as **provisões** no passivo.

Empresa: exemplo		
Balanço patrimonial	2013	2012
	Valor (R$)	Valor (R$)
Ativo		
Ativo circulante	4.207.169	4.614.938
Disponível	2.157.148	2.401.822
Títulos e valores mobiliários	240.077	249.511
Clientes	1.158.615	1.307.523
Estoques	438.091	457.636
Outros	213.238	198.446
Ativo não circulante	9.602.821	10.027.105
Realizável a longo prazo	367.644	381.748
Investimentos	1.278.797	1.145.636
Imobilizado	7.947.894	8.490.588
Intangíveis	8.486	9.133
Total do ativo	13.809.990	14.642.043

(continua)

(conclusão)

	2012	2013
	Valor	Valor
Passivo		
Passivo circulante	**1.754.482**	**1.799.847**
Fornecedores	313.559	342.126
Obrigações fiscais	146.855	105.159
Obrigações sociais e trabalhistas	123.934	125.415
Outras obrigações	49.364	100.994
Financiamentos	1.120.770	1.126.153
Passivo não circulante	**6.634.587**	**7.449.529**
Empréstimos/financiamentos	4.914.334	5.842.135
Provisões	1.720.253	1.607.394
Patrimônio líquido	**5.420.921**	**5.392.667**
Capital social	2.271.500	2.271.500
Reservas	2.068.042	2.055.730
Ajustes de avaliação patrimonial	1.081.379	1.065.437
Total do passivo	**13.809.990**	**14.642.043**

O relatório dos auditores contém basicamente as seguintes informações:

a) A empresa observou o que determina a legislação societária, no sentido de que os relatórios contábeis demonstram ao menos dois exercícios sociais para que se permita a comparação.

b) Foram observados os princípios contábeis obrigatórios no Brasil, notadamente o da **continuidade** e o da **competência**.

c) Os ativos e os passivos foram corretamente ordenados em termos de prazos, ou seja, classificaram-se no **circulante** aqueles cuja realização (ativos) ou cujo vencimento (passivos) ocorrerão dentro de, no máximo, 12 meses, e no **não circulante** os que estão vinculados a prazo superior a 12 meses.

d) Atendendo ao pedido da administração da empresa com relação às **contas a receber**, os auditores relataram que: "São registradas e mantidas pelo valor nominal dos títulos decorrentes das vendas de produtos, acrescidos de variações cambiais, quando aplicável. A provisão para créditos de liquidação duvidosa (PCLD) é constituída com base em análise individual dos valores a receber e em montante considerado pela administração necessário e suficiente para cobrir prováveis perdas na realização desses créditos, os quais podem ser modificados em função da recuperação de créditos com os clientes devedores ou mudança na situação financeira de clientes. O ajuste a valor presente do saldo de contas a receber de clientes não é relevante, devido ao curto prazo de sua realização".

e) A mesma análise aplicada aos **estoques** resultou no seguinte relato por parte dos auditores: "Os estoques são demonstrados pelo custo médio das compras, líquido dos impostos compensáveis quando aplicáveis, e valor justo dos ativos biológicos na data do corte, sendo inferior aos valores de realização líquidos dos custos de venda. Os estoques de produtos acabados são valorizados pelo custo das matérias-primas processadas, mão de obra direta e outros custos de produção. Quando necessário, os estoques são deduzidos de provisão para perdas, constituída em casos de desvalorização de estoques, obsolescência de produtos e perdas de inventário físico".

f) Com relação ao **passivo**, os testes de auditoria demonstraram que as obrigações estão corretamente classificadas em seus grupos e em suas contas respectivas, com o reconhecimento contábil de despesas financeiras naqueles passivos financeiros (empréstimos e financiamentos) – observado o princípio da **competência** nesse reconhecimento.

As **provisões** referem-se a passivos contingentes que, no futuro, poderão exigir o desembolso de recursos financeiros e foram reconhecidas considerando-se o risco de sua ocorrência.

g) Após receber e analisar o relatório da auditoria, no qual constavam outras informações relevantes, os administradores da empresa tiveram a certeza de que poderiam utilizar as informações contábeis com a segurança necessária em suas decisões.

Para concluir...

Ao concluir esta obra, é oportuno ressaltarmos que ela foi pensada e estruturada tendo como fundamento os conceitos e elementos que estão presentes no estudo e na prática da contabilidade nas atividades comerciais. Nesse sentido, contemplamos abordagens iniciais fundamentais da contabilidade, como as técnicas de registro e mensuração de ativos e passivos, bem como o reconhecimento de receitas e despesas. Procuramos, assim, oferecer uma abordagem mais objetiva e concisa dos conceitos essenciais para a compreensão e a prática da contabilidade comercial.

Antes, porém, entendemos ser necessário elaborar um capítulo para tratar dos aspectos legais, societários e tributários que acompanham desde o início um empreendimento comercial. É preciso delimitarmos a abordagem tributária, pois, por conta de sua abrangência e complexidade, em regra, seu tratamento requereria uma obra específica. Nesse caso, privilegiamos a tributação sobre o resultado empresarial. O mesmo cuidado, no que diz respeito à limitação no tratamento do assunto, tivemos em relação ao tema *societário*, pelas mesmas razões que expusemos.

A nossa proposta, como ideia central nessa abordagem legalista, foi alertar o aluno ou o profissional sobre a extrema importância que esses assuntos têm para uma prática contábil de qualidade.

Com referência ao tema *escrituração contábil*, nosso objetivo consistiu em desmistificar, em certa medida, a complexidade do processo de escrituração por meio de uma explicação gráfica, cuja proposta foi incentivar o seu raciocínio lógico para a compreensão e a aplicação das técnicas de registro dos eventos econômicos.

Iniciando o caminho pela legislação societária e tributária e avançando para o débito e o crédito, buscamos oferecer a você, leitor, uma visão mais racional e, ao mesmo tempo, técnica, dos relatórios contábeis de elaboração obrigatória.

Tudo isso foi permeado por exercícios e pela indicação de obras básicas em cada capítulo, destacando também sugestões de leitura das leis que regulam as matérias expostas nos quatro capítulos do livro. Os exercícios objetivam uma aplicação imediata dos conceitos tratados, para que sua aprendizagem seja mais rápida e consistente.

Com isso, nosso intuito foi oferecer a você uma possibilidade de estudar e aplicar esse arcabouço teórico no que diz respeito à abordagem comercial da contabilidade. Esperamos sinceramente que você, aluno ou profissional, tenha êxito no uso desta pequena contribuição, razão maior para todo o trabalho que você tem em mãos.

Referências

ALMEIDA, M. C. **Curso de contabilidade introdutória em IFRS e CPC.** 2.ed. São Paulo: Atlas, 2018.

ALMEIDA, M. C. **Manual prático de interpretação contábil da Lei Societária.** São Paulo: Atlas, 2010.

ANDRADE FILHO, E. O. **Imposto de Renda das empresas.** 13. ed. São Paulo: Atlas, 2018.

BCB – BANCO CENTRAL DO BRASIL. Plano Contábil das Instituições do Sistema Financeiro Nacional (Cosif). Anexo 4. **Pronunciamento Conceitual Básico (R1).** Disponível em: <http://www4.bcb.gov.br/NXT/denorcosif/DOWNLOAD/an-08.PDF>. Acesso em: 30 set. 2014.

BERTOLDI, M. M. **Curso avançado de Direito Comercial.** 12. ed. São Paulo: Revista dos Tribunais, v. 1, 2021.

BÍBLIA (ANTIGO TESTAMENTO). Salmos. Português. **Bíblia Online.** Tradução de Almeida corrigida e revisada, fiel ao texto original. Cap. 40, vers. 4. Disponível em: <https://www.bibliaonline.com.br/acf+aa/sl/40>. Acesso em: 21 nov. 2014.

BRASIL. Código Civil. **Código Civil brasileiro e legislação correlata.** 2. ed. Brasília: Senado Federal, 2008. Disponível em: <http://www2.senado.leg.br/bdsf/bitstream/handle/id/70327/C%C3%B3digo%20Civil%202%20ed.pdf?sequence=1>. Acesso em: 24 nov. 2014.

BRASIL. Decreto n. 1.800, de 30 de janeiro de 1996. **Diário Oficial da União,** Poder Executivo, Brasília, 20 maio 1996a. Disponível em: <http://www.planalto.gov.br/ccivil_03/decreto/d1800.htm>. Acesso em: 11 fev. 2015.

BRASIL. Decreto n. 9.580, de 22 de novembro de 2018. Diário Oficial da União, Poder Executivo, Brasília, 23 nov. 2018. Disponível em: <http:// https://www.planalto.gov.br/ccivil_03/_Ato2015-2018/2018/Decreto/D9580.htm?utm_test=test>. Acesso em: 22 ago. 2024.

BRASIL. Decreto n. 3.000, de 26 de março de 1999. **Diário Oficial da União,** Poder Executivo, Brasília, 29 mar. 1999a. Disponível em: <http://www.planalto.gov.br/ccivil_03/decreto/D3000.htm>. Acesso em: 29 set. 2014.

BRASIL. Decreto n. 3.708, de 10 de janeiro de 1919. **Diário Oficial da União,** Poder Legislativo, Brasília, 10 jan. 1919. Disponível em: <http://www.planalto.gov.br/ccivil_03/decreto/Historicos/DPL/DPL3708.htm>. Acesso em: 1º out. 2014.

BRASIL. Decreto-Lei n. 1.598, de 26 de dezembro de 1977. **Diário Oficial da União,** Poder Executivo, Brasília, 27 dez. 1977. Disponível em: <http://www.planalto.gov.br/ccivil_03/decreto-lei/del1598.htm>. Acesso em: 11 fev. 2015.

BRASIL. Lei Complementar n. 123, de 14 de dezembro de 2006. **Diário Oficial da União,** Poder Legislativo, Brasília, 15 dez. 2006. Disponível em: <http://www2.camara.leg.br/legin/fed/leicom/2006/leicomplementar-123-14-dezembro-2006-548099-norma-pl.html>. Acesso em: 11 fev. 2015.

BRASIL. Lei n. 556, de 25 de junho de 1850. **Diário Oficial da União,** Poder Legislativo, Rio de Janeiro, 25 jun 1850. Disponível em: <http://www.planalto.gov.br/ccivil_03/leis/l0556-1850.htm>. Acesso em: 24 nov. 2014.

BRASIL. Lei n. 5.172, de 25 de outubro de 1966. **Diário Oficial da União,** Poder Legislativo, Brasília, 27 out. 1966. Disponível em: <http://www.planalto.gov.br/ccivil_03/leis/l5172.htm>. Acesso em: 29 set. 2014.

BRASIL. Lei n. 6.385, de 7 de dezembro de 1976. **Diário Oficial da União**, Poder Legislativo, Brasília, 9 dez. 1976a. Disponível em: <http://www.planalto.gov.br/ccivil_03/leis/l6385.htm>. Acesso em: 11 fev. 2015.

BRASIL. Lei n. 6.404, de 15 de dezembro de 1976. **Diário Oficial da União**, Poder Legislativo, Brasília, 17 dez. 1976b. Disponível em: <http://www.planalto.gov.br/ccivil_03/leis/l6404consol.htm>. Acesso em: 16 set. 2014.

BRASIL. Lei n. 7.689, de 15 de dezembro de 1988. **Diário Oficial da União**, Poder Legislativo, Brasília, 16 dez. 1988. Disponível em: <http://www.planalto.gov.br/ccivil_03/leis/L7689.htm>. Acesso em: 11 fev. 2015.

BRASIL. Lei n. 8.021, de 12 de abril de 1990. **Diário Oficial da União**, Poder Legislativo, Brasília, 13 abr. 1990. Disponível em: <http://www.planalto.gov.br/ccivil_03/leis/L8021.htm>. Acesso em: 29 set. 2014.

BRASIL. Lei n. 8.934, de 18 de novembro de 1994. **Diário Oficial da União**, Poder Legislativo, Brasília, 21 nov. 1994. Disponível em: <http://www.planalto.gov.br/ccivil_03/leis/l8934.htm>. Acesso em: 11 fev. 2015.

BRASIL. Lei n. 8.981, de 20 de janeiro de 1995. **Diário Oficial da União**, Poder Legislativo, Brasília, 23 jan. 1995a. Disponível em: <http://www.receita.fazenda.gov.br/Legislacao/leis/Ant2001/lei898195.htm>. Acesso em: 29 set. 2014.

BRASIL. Lei n. 9.249, de 26 de dezembro de 1995. **Diário Oficial da União**, Poder Legislativo, Brasília, 27 dez. 1995b. Disponível em: <http://www.receita.fazenda.gov.br/legislacao/leis/ant2001/lei924995.htm>. Acesso em: 24 out. 2014.

BRASIL. Lei n. 9.430, de 27 de dezembro de 1996. **Diário Oficial da União**, Poder Legislativo, Brasília, 30 dez. 1996b. Disponível em: <http://www.receita.fazenda.gov.br/Legislacao/leis/Ant2001/lei943096.htm>. Acesso em: 29 set. 2014.

BRASIL. Lei n. 9.532, de 10 de dezembro de 1997. **Diário Oficial da União**, Poder Legislativo, Brasília, 11 dez. 1997. Disponível em: <http://legis.senado.gov.br/legislacao/ListaTextoIntegral.action?id=126024&norma=147817>. Acesso em: 11 fev. 2015.

BRASIL. Lei n. 9.718, de 27 de novembro de 1998. **Diário Oficial da União**, Poder Legislativo, Brasília, 28 nov. 1998. Disponível em: <http://www.receita.fazenda.gov.br/Legislacao/leis/Ant2001/lei971898.htm>. Acesso em: 29 set. 2014.

BRASIL. Lei n. 9.779, de 19 de janeiro de 1999. **Diário Oficial da União**, Poder Legislativo, Brasília, 20 jan. 1999b. Disponível em: <http://www.receita.fazenda.gov.br/Legislacao/Leis/ant2001/lei977999.htm>. Acesso em: 29 set. 2014.

BRASIL. Lei n. 10.406, de 10 de janeiro de 2002. **Diário Oficial da União**, Poder Legislativo, Brasília, 11 jan. 2002. Disponível em: <http://www.planalto.gov.br/ccivil_03/leis/2002/l10406.htm>. Acesso em: 16 set. 2014.

BRASIL. Lei n. 11.101, de 9 de fevereiro de 2005. **Diário Oficial da União**, Poder Legislativo, Brasília, 9 fev. 2005. Disponível em: <http://www.planalto.gov.br/ccivil_03/_ato2004-2006/2005/lei/l11101.htm>. Acesso em: 7 nov. 2014.

BRASIL. Lei n. 11.638, de 28 de dezembro de 2007. **Diário Oficial da União**, Poder Legislativo, Brasília, 28 dez. 2007. Disponível em: <http://www.planalto.gov.br/ccivil_03/_ato2007-2010/2007/lei/l11638.htm>. Acesso em: 29 set. 2014.

BRASIL. Lei n. 11.941, de 27 de maio de 2009. **Diário Oficial da União**, Poder Legislativo, Brasília, 28 maio 2009. Disponível em: <http://www.receita.fazenda.gov.br/Legislacao/leis/2009/lei11941.htm>. Acesso em: 1º outo. 2014.

BRASIL. Lei n. 12.441, de 11 de julho de 2011. **Diário Oficial da União**, Poder Legislativo, Brasília, 12 jul. 2011. Disponível em: <http://www.planalto.gov.br/ccivil_03/_ato2011-2014/2011/lei/l12441.htm>. Acesso em: 1º out. 2014.

CFC – CONSELHO FEDERAL DE CONTABILIDADE. Resolução CFC 2024/NBCTG09(R1), de 16 de fevereiro de 2024. Diário Oficial da União, Brasília, DF, 28 jun. 2008. Disponível em: <https://www2.cfc.org.br/sisweb/sre/detalhes_sre.aspx?codigo=2024/NBCTG09(R1)>. Acesso em: 26 jun. 2024.

CFC – CONSELHO FEDERAL DE CONTABILIDADE. Resolução CFC n. 1.157, de 13 de fevereiro de 2009. **Diário Oficial da União**, Brasília, 17 fev. 2009. Disponível em: <www.cfc.org.br/sisweb/sre/detalhes_sre.aspx?codigo=2009/001157>. Acesso em: 3 mar. 2015.

CFC – CONSELHO FEDERAL DE CONTABILIDADE. **Resolução CFC n. 1.185**. Normas brasileiras de contabilidade. Brasília: Conselho Federal de Contabilidade, 2009. Disponível em: <www.cfc.org.br/sisweb/sre/docs/RES_1185.doc>. Acesso em: 30 set. 2014.

CFC – CONSELHO FEDERAL DE CONTABILIDADE. Resolução CFC n. 1.296. **Diário Oficial da União**, Brasília, DF, 7 out. 2010. Disponível em: <http://www.cfc.org.br/sisweb/sre/detalhes_sre.aspx?Codigo=2010/001296>. Acesso em: 8 nov. 2014.

CFC – CONSELHO FEDERAL DE CONTABILIDADE. **Resolução CFC n. 1.330**, de 18 de março de 2011. Normas brasileiras de contabilidade. Brasília: Conselho Federal de Contabilidade, 2011a. Disponível em: <www.cfc.org.br/sisweb/sre/docs/RES_1330.doc>. Acesso em: 1º out. 2014.

CFC – CONSELHO FEDERAL DE CONTABILIDADE. **Resolução CFC n. 1.376**. Normas brasileiras de contabilidade. Brasília: Conselho Federal de Contabilidade, 2011b. Disponível em: <www.cfc.org.br/sisweb/sre/docs/RES_1376.doc>. Acesso em: 30 set. 2014.

COSIF ELETRÔNICO. **NBC TG 01**: Redução ao valor recuperável de ativos. Normas brasileiras de contabilidade. Disponível em: <http://www.cosif.com.br/mostra.asp?arquivo=nbc-tg-01>. Acesso em: 30 set. 2014a.

COSIF ELETRÔNICO. **NBC TG 1000**: Contabilidade para pequenas e médias empresas – Seção 6 – Demonstração das Mutações do Patrimônio Líquido e Demonstração de Lucros ou Prejuízos Acumulados. Disponível em: <http://www.cosif.com.br/mostra.asp?arquivo=nbc-tg-1000-06>. Acesso em: 1º out. 2014b.

CPC – COMITÊ DE PRONUNCIAMENTOS CONTÁBEIS. **Conheça o CPC**. Disponível em: <http://www.cpc.org.br/CPC/CPC/Conheca-CPC>. Acesso em: 30 set. 2014.

CPC – COMITÊ DE PRONUNCIAMENTOS CONTÁBEIS. **CPC 00**: Estrutura Conceitual para Elaboração e Divulgação de Relatório Contábil-Financeiro. 2011a. Disponível em: <http://www.cpc.org.br/CPC/DocumentosEmitidos/Pronunciamentos/Pronunciamento?Id=80>. Acesso em: 11 fev. 2015.

CPC – COMITÊ DE PRONUNCIAMENTOS CONTÁBEIS.
CPC 03 (R2): Demonstração dos Fluxos de Caixa. 2010. Disponível em: <http://www.cpc.org.br/CPC/Documentos-Emitidos/Pronunciamentos/Pronunciamento?Id=34>. Acesso em: 1º out. 2014.

CPC – COMITÊ DE PRONUNCIAMENTOS CONTÁBEIS.
CPC 09: Demonstração do Valor Adicionado. 2008a. Disponível em: <http://www.cpc.org.br/CPC/Documentos-Emitidos/Pronunciamentos/Pronunciamento?Id=40>. Acesso em: 1º out. 2014.

CPC – COMITÊ DE PRONUNCIAMENTOS CONTÁBEIS.
CPC 12: Ajuste a valor presente. 2008b. Disponível em: <http://www.cpc.org.br/CPC/DocumentosEmitidos/Pronunciamentos/Pronunciamento?Id=43>. Acesso em: 11 fev. 2015.

CPC – COMITÊ DE PRONUNCIAMENTOS CONTÁBEIS.
CPC 26 (R1): Apresentação das Demonstrações Contábeis. 2011b. Disponível em: <http://www.cpc.org.br/CPC/Documentos-Emitidos/Pronunciamentos/Pronunciamento?Id=57>. Acesso em: 24 nov. 2011.

CPC – COMITÊ DE PRONUNCIAMENTOS CONTÁBEIS.
CPC 27: Ativo Imobilizado. 2009. Disponível em: <http://www.cpc.org.br/CPC/DocumentosEmitidos/Pronunciamentos/Pronunciamento?Id=58>. Acesso em: 11 fev. 2015.

CPC – COMITÊ DE PRONUNCIAMENTOS CONTÁBEIS.
CPC 36 (R1): Apresentação das Demonstrações Contábeis. 2001. Disponível em: <http://www.cpc.org.br/CPC/Documentos-Emitidos/Pronunciamentos/Pronunciamento?Id=57>. Acesso em: 1º out. 2014.

CVM – COMISSÃO DE VALORES IMOBILIÁRIOS.
Deliberação CVM n. 595, de 15 de setembro de 2009. Disponível em: <http://www.cvm.gov.br/legislacao/deli/deli595.html>. Acesso em: 17 mar. 2015.

CVM – COMISSÃO DE VALORES IMOBILIÁRIOS. **Instrução CVM n. 59, de 22 de dezembro de 1986.** Disponível em: <http://www.cnb.org.br/CNBV/instrucoes/ins59-1986.htm>. Acesso em: 17 mar. 2015.

ENZA, P. (Coord.). **Contabilidade geral esquematizado**. 6. ed. São Paulo: Saraiva, 2019.

ERNST & YOUNG; FIPECAFI. **Manual de normas internacionais de contabilidade**. São Paulo: Atlas, 2009.

FABRETTI, L. C. **Contabilidade tributária**. 15. ed. São Paulo: Atlas, 2015.

HENDRIKSEN, E. S; VAN BREDA, M. F. **Teoria da contabilidade**. São Paulo: Atlas, 1999.

IUDÍCIBUS, S. de. **Teoria da contabilidade**. 12. ed. São Paulo: Atlas, 2021.

IUDÍCIBUS, S. DE et al. **Manual de contabilidade societária**: aplicável a todas as sociedades de acordo com as normas internacionais e do CPC. 4. ed. São Paulo: Atlas, 2022.

IUDÍCIBUS, S. de; MARION, J. C. **Contabilidade comercial**. 11 ed.São Paulo: Atlas, 2019.

KLABIN S.A. **Demonstrações financeiras padronizadas**. 2011. Disponível em: <http://klabin.infoinvest.com.br// ptb/1705/1330604713_1551300500_clean.pdf>. Acesso em: 30 out. 2014.

KLABIN S.A. Demonstrações financeiras padronizadas. 2012. Disponível em: <http://klabin.infoinvest.com.br/ptb/1998/1361528968_608710297.pdf>. Acesso em: 26 nov. 2014.

MARION, J. C.; REIS, A. **Contabilidade avançada**. 2. ed. São Paulo: Saraiva, 2020.

MATARAZZO, D. C. **Análise financeira de balanços**. 7. ed. São Paulo: Atlas, 2010.

ODA, G. Teste de imparment: como fazer, como contabilizar, aspectos fiscais e divulgação. **Afixcode**. 2013. Disponível em: <www.afixcode.com.br/teste-de-impairment-como-fazer-como-contabilizar-aspectos-fiscais-divulgacao/>. Acesso em: 3 mar. 2015.

OLIVEIRA, A. C. L. de; LUZ, E. E. da. **Contabilidade societária**. Curitiba: Iesde, 2012.

OLIVEIRA, L. M. de et al. **Manual de contabilidade tributária**. São Paulo: Atlas, 2004.

PADOVEZE, C. L.; BENEDICTO, G. C. de; LEITE, J. da S. J. **Manual de normas internacionais de contabilidade**. São Paulo: Cengage Learning, 2012.

RAMOS, A. L. S. C. **Direito empresarial esquematizado**. São Paulo: Método, 2011.

SILVA, E. C. DA. **Como administrar o fluxo de caixa das empresas**. São Paulo: Atlas, 2005.

SILVA, L. L. **Contabilidade geral e tributária**. São Paulo: IOB, 2011.

SZUSTER, N. ET AL. **Contabilidade geral**: introdução à contabilidade societária. 4. ed. São Paulo: Atlas, 2013.

Respostas

Capítulo 1

Questões para revisão

1. É *empresária* a atividade própria de empresário sujeito a registro, como definido no Código Civil, e *não empresária* a atividade intelectual de natureza científica, literária e artística.
2. É aquela que considera como base inicial tributável o resultado líquido, apurado conforme as regras contábeis.
3. A despesa tem de ser necessária e estar vinculada às atividades normais da empresa, além de já ter sido incorrida.
4. Alternativa **d**, conforme o art. 993 da Lei n. 10.406/2002 – Código Civil.
5. Alternativa **b**, conforme o disposto no art. 35 da Lei n. 8.981/1995.

Capítulo 2

Questões para revisão

1. Depreciação é a perda de utilidade dos bens do ativo imobilizado, que têm vida útil limitada; a depreciação será reconhecida como despesa à medida em que houver a perda de substância desses bens. Suas causas mais comuns são o uso, a ação da natureza e a obsolescência.
2. Se ocorrer o caso de um ativo estar registrado contabilmente por valor que exceda seu valor de recuperação, ou seja, se o seu valor contábil exceder o montante a ser recuperado pelo uso ou pela venda do ativo.
3. Alternativa **d**.
4. Alternativa **b**.
5. Alternativa **c**.

Capítulo 3

Questões para revisão

1. Pelo fato de que a receita ou a despesa de equivalência patrimonial já foi contabilizada quando da apuração de seu resultado. Caso o dividendo recebido seja contabilizado como receita, temos dois problemas: a) a equivalência não estará correta; e b) haverá efeito duplo no resultado da investidora.
2. No ativo, os bens e direitos serão dispostos conforme o respectivo grau de liquidez dos elementos, em ordem decrescente. Portanto, os itens de maior liquidez (menor tempo para conversão em dinheiro) terão precedência sobre aqueles de menor liquidez. No passivo, o critério é o maior grau de exigibilidade, ou seja, as dívidas com menor prazo para pagamento aparecerão primeiro.
3. Porque o entendimento é o de que o resultado financeiro (receita e despesa financeira) decorre, de forma direta ou indireta, da atividade operacional do negócio.

4. Alternativa c.

	Competência – afeta o resultado (R$)	Caixa – não afeta o resultado (R$)
Receitas realizadas e não recebidas	150.000,00	
Despesas pagas antecipadamente		110.000,00
Receitas realizadas e recebidas	220.000,00	
Despesas incorridas e não pagas	90.000,00	
Receitas recebidas antecipadamente e não realizadas		130.000,00
Despesas incorridas e pagas	85.000,00	

5. Alternativa b.

Capítulo 4

Questões para revisão

1. Ao demonstrar o valor agregado pela empresa aos insumos adquiridos, esta poderá conhecer e compreender os fatores que limitam ou fortalecem a adição de valor. A partir dessa análise, poderá estabelecer planos e estratégias visando gerenciar essas variáveis, alterando inclusive a distribuição do valor adicionado aos diversos agentes.

2. Não. As notas explicativas são informações complementares às demonstrações contábeis, traduzindo dados analíticos em quadros, explicações sobre critérios de classificação e mensuração de ativos e passivos, reconhecimento de receitas e despesas etc. Não devem ficar limitadas ao que exige o art. 176, parágrafo 5º, da Lei n. 6.404/1976, pois ali estão contemplados os conteúdos mínimos que devem ser retratados nas referidas notas.

3. Relatar a movimentação das contas que compõem o patrimônio líquido, indicando claramente a origem e o

respectivo valor de cada aumento ou redução no patrimônio líquido durante um determinado exercício e complementando informações que constam no balanço patrimonial e na DRE apenas pelos saldos.

4. Alternativa **b**.
5. Alternativa **d**.

Sobre o autor

Érico Eleuterio da Luz

Mestre em Controladoria e Contabilidade pela Universidade Norte do Paraná (Unopar), especialista em Finanças e Auditoria pela FAE/CDE. Contador e advogado, já atuou como contador e *controller* em grandes empresas e, na área acadêmica, leciona disciplinas nas áreas de contabilidade e direito em cursos de graduação e pós-graduação. Atualmente, atua como coordenador do curso de Ciências Contábeis na FAE – Centro Universitário Franciscano e como consultor empresarial. Publicou os livros *Controladoria corporativa* e *Contabilidade tributária*, pela Editora InterSaberes, e *Contabilidade societária* e *Contabilidade*, pela Editora Iesde S/A.

Impressão:
Março/2025